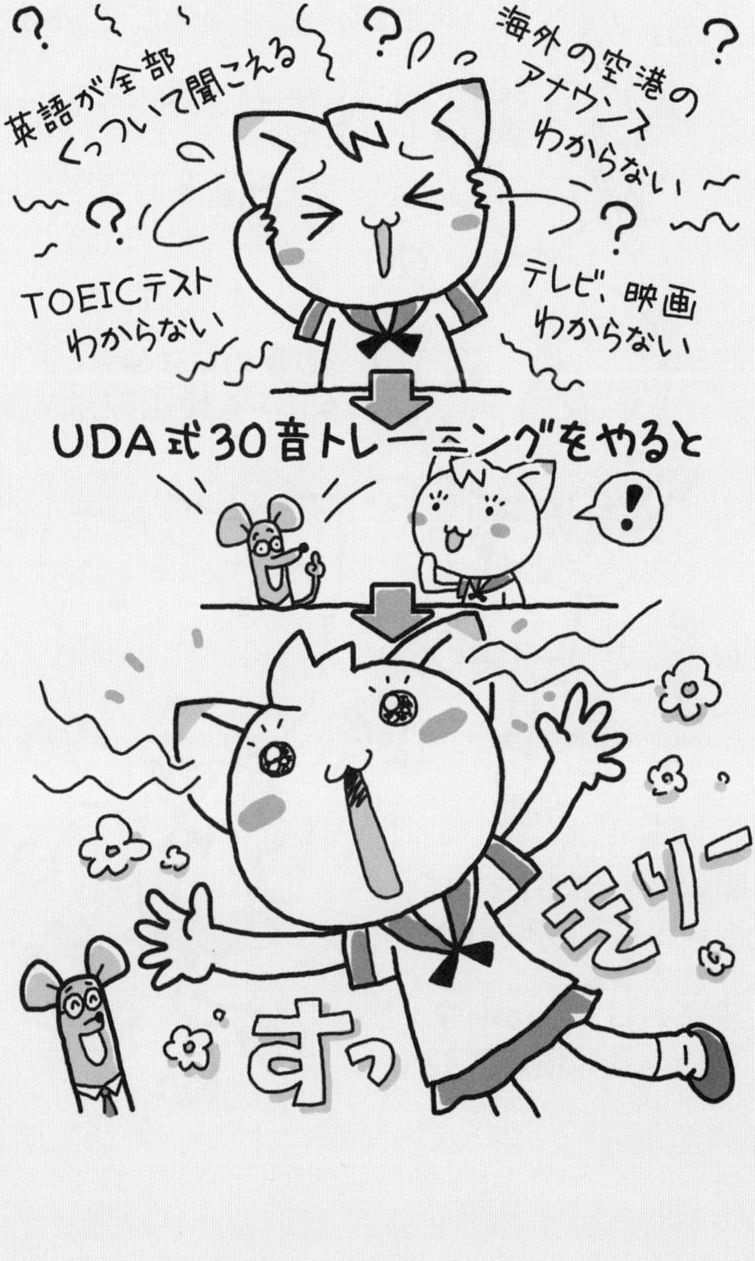
英語が全部
くっついて聞こえる
海外の空港の
アナウンス
わからない
TOEICテスト
わからない
テレビ、映画
わからない
UDA式30音トレーニングをやると
!
すっきりー

はじめに

　英語がうまくなりたいという人はたくさんいます。そのなかの大勢の人が、特にリスニング力をつけたいと思っています。リスニング力をつけると言うと、耳を鍛える学習法ばかりにどうしても関心が集中してしまいます。
　ところが、リスニング力を短期間で伸ばしたいのなら、英語を正しく発音する方法をきちんと身につけたほうがぐんと効果的であるとことが、ようやく一般の学習者にも知られるようになりました。
　そのきっかけのひとつが、筆者が主宰するwebサイト「30音でマスターする英会話」(www.uda30.com/2004年7月現在、アクセス数は、136万を突破)です。このサイトを通じて、筆者は、実用レベルの発音をごく短期間に身につけ、その成果をリスニング力にむすびつける方法をずっと紹介してきました。
　発音を勉強すると言うと、「大変だ」、「難しい」と思ってしまうかもしれませんが、1週間ほど徹底して練習し、英語の音に慣れてしまえば、実は、あとは簡単なのです。英語の「耳が」できていないと、TOEICで高得点を取れる上級者でさえ、ニュース英語は聞けても日常会話が聞けない、映画のセリフが聞き取れないという壁にぶつかってしまうのです。
　本書のUDA式30音トレーニングは、そのような日本人の「耳」を英語の音に対応できるように、わかりやすく効果的な練習方法で、読者が独習できるように構成したものです。
　CDの内容も学習が効果的に進むように工夫を凝らしています。録音内容も、スタジオ録音だけではなく、雑踏の中や、普通の部屋で録音したものも収録しました。私たちは、普段いろいろな音の中で暮らしています。そういう中でも聞き分ける練習ができるようにするためです。CD全般には、軽快

なBGMを入れました。単調な学習ＣＤではないので、リズムに乗り、楽しく練習できるでしょう。

　あなたが本書を活用して、英語の音が聞き分けられるようになり、「通じる」、「聞こえる」という喜びを体験されることを願っています。

　本書作成にあたっては、貴重な体験談を寄せてくださった阿部洋祐さん、飯田絵里香さん、佐藤晴江さん、鈴木早苗さん、永井博史さん（ベルギー在住）、牧野聡子さん。長い間、根気よく尽力していただいたジャパンタイムズ出版部の笠原仁子さん、いろいろご協力をいただいたジャパンタイムズ電子メディア部の石黒加奈さん、大村由紀子さんにはとても感謝しております。

2004年8月

著者

●●●付属CDについて●●●

CDマークの部分🎧が、CDに入っています。

ナレーターは、主にアメリカ人で、発音は標準的なアメリカ英語です。ナチュラルスピードで収録してあります。

リズムに乗って練習できるように、ほぼ全編にBGMがついています。

ダイアローグ部分では、スタジオ録音の他に、雑踏の中で録音した部分も入っています。

付録では、アメリカ英語以外のさまざまな国の発音を収録しています。

●CDの利用の仕方

パートⅠ 主に子音、母音の聞き分け、個々の音の練習をするパートです。
本書の解説を参考にCDの音声を聞いて学習を進めてください。

パートⅡ 日本語のナレーションと英語で構成されています。
本書に学習の指示がありますので、それに合わせて学習を進めてください。

各パートの本文中には、CD音声のトラックを示す🎧マークがありますので、参考にしてください。

●CD作成スタッフ

- 本文ナレーション　　Steve Martin (USA), Vicki Glass (USA), Wilda Lau (Canada), Coco Masters他
- 日本語ナレーション　川渕由香里
- 付録　　　　　　　〈お国訛りを聞いてみよう〉
  John Maylam (South Africa), Simon Bartz (UK), Eric Prideaux (USA), Peter Crookes (Australia)
  〈ニュースの英語を聞き取ろう〉
  Ruth Ann Morizumi
- 録音スタジオ　　　TBSサービス, Sound Universe, adue
- BGM　　　　　　adue

●全収録時間　　78分

Contents

目次

1 **Introduction**
UDA式30音トレーニングのすすめ

リスニング力をつけるのになぜ発音が大切なのか
あなたの「カタカナ英語」汚染度をチェックしてみよう
発音力がリスニングUPのカギを握っている？！
「UDA式30音トレーニング」の12日間徹底メニュー

17 パート1
英語の口をきっちり覚える7日間

18 **DAY 1** 口まねトレーニング
英語の口の形を覚えよう
アルファベットで英語の音声感覚をつかもう
30音口まねトレーニング

26 **DAY 2** 子音の強化トレーニング
プレ・チェック！ 子音の聞き取りチェック
息のスピードが速い音 ①〜⑧
聞き取り効果実感テスト1

40 **DAY 3** 息を破裂させる音 ⑨〜⑯
聞き取り効果実感テスト2

52 **DAY 4** 鼻と口に響かせる音 ⑰〜⑳
聞き取り効果実感テスト3

- **60** **DAY 5** 変化する音 ㉑〜㉓
  聞き取り効果実感テスト4
  聞き取り効果実感テスト5

- **76** **DAY 6** 母音の強化トレーニング
  プレ・チェック！ 母音の聞き取りチェック
  開く音 ㉔〜㉗
  聞き取り効果実感テスト6

- **86** **DAY 7** 狭い音 ㉘〜㉚
  母音とｒの組み合わせ音 ①〜③
  聞き取り効果実感テスト7
  まとめ　練習1　練習2

109 パートⅡ
英語の耳にぐぐっと近づく5日間

- **110** **DAY 8** もやもやをスッキリ
  発音クリニック
- **118** **DAY 9** こんなの初めて！
  イントネーショントレーニング
- **136** **DAY 10** ぐーんと上達
  スピードトレーニング

| 144 | **DAY 11** これでしっかり定着
センテンストレーニング |
| 150 | **DAY 12** これで早口ネイティブもこわくない
くだけた発音聞き取りテスト |
| 166 | 付録 |

お国訛りを聞いてみよう ❶ ❷
ニュースの英語を聞き取ろう
スペルの読み方ガイド
30音と発音のポイント一覧表

■ 執筆協力　宗田千恵子
■ 編集協力　松本静子
■ 本文レイアウト＋DTP　Pesco Paint 清水裕久
■ 本文イラスト　Pesco Paint 島津敦
■ ジャケットデザイン　倉田明典

Introduction
UDA式
30音トレーニングのすすめ

リスニング力をつけるのに
なぜ発音が大切なのか

　発音が「うまい」とか「苦手だ」ですむのは、学校英語の世界だけのようです。海外で生活している人や、仕事で英語を使う人にとってのリスニングや発音の能力はもっと切実で、死活問題にもなりかねません。筆者のところには、連日、こんな相談が頻繁に寄せられます。

　「私はアメリカに1年以上もいるのに、基本的な単語が通じないことがよくあります。この前は、"ホットドッグ"さえ通じませんでした。work と walk の発音もできていないようです。しかも相手の言っていることは、ほとんど聞き取れません。どう練習していったらいいのでしょうか」

　このような悩みの第一の原因はカタカナ発音にあります。work を「ワーク」、walk を「ウオーク」と発音していると、通じないだけではなく、英語はなかなか聞き取れるようにはなりません。その改善策は正しい発音を覚えることですが、その前に、あなたが英語をどのように聞いているかをチェックしてみましょう。きっと、リスニング上達のヒントがつかめるはずです。

　ちなみに、筆者のウエブサイトで行っている「カタカナ汚染度診断テスト」のデータ（62,000件）では、汚染度の平均は52％。20％以下の「英語がよく聞き取れる」人はわずか6％弱。つまり、日本人はリスニングが苦手、という結果が出ています。

あなたの「カタカナ英語」汚染度をチェックしてみよう

Check sheet 1

　まず、あなたはどのくらい日本語の耳で英語を聞いているのか、確認しておきましょう。次の質問に、「A 該当する」「B 該当しない」「C よくわからない」で答えてください。

( ) 1 私のイントネーションはどちらかというと平坦である。

( ) 2 私はなんとなく日本人的な発音をしている。

( ) 3 まずは単語や会話表現を覚えることが先決。発音の練習は後からでいい。

( ) 4 前置詞や簡単な単語が聞き取れないことが多い。

( ) 5 辞書に単語の発音がカタカナで書いてあるとわかりやすくてうれしい。

( ) 6 match と much を同じように発音している。

( ) 7 business の i はハッキリ発音する。

( ) 8 concern と possible の o は同じ発音である。

( ) 9 bird の ir と card の ar を同じように発音している。

( ) 10 sit の i と universe の i は同じ発音である。

( ) 11 item の e と objection の e は同じ発音である。

( ) 12 my home の 2 つの m は、同じ長さで発音する。

【汚染度判定】

AとC、1つでもあれば、汚染度は10％に計算します。

・**20％以下（2つ以下）**

　　かなりの実力者です。自分の発音に自信を持っていいでしょう。

・**30〜40％（3つ〜4つ）**

　　テストでは、ある程度得点できるでしょう。コミュニケーションには多少支障があるという状態。しっかり発音を覚えるとずっとよくなります。

・**50％以上（5つ以上）**

　　ネイティブと会話をしていても通じない、リスニングは苦手、英語学習は努力の割には成果が乏しい、という結果になるでしょう。

【解説】

1 − 英語のイントネーションを覚えると、英語は通じやすく、しかも覚えやすくなります。イントネーションがコミュニケーションに重要な要素であることを自覚する必要があります。

2 − 母音を区別できれば、日本人的な発音でも大丈夫です。母音を区別すること、これがポイントです。

3 − カタカナ発音が通じるのは、主に日本人の英語発音に慣れたネイティブだけ。せっかく覚えた英語が、現地に行くと通じないという「実用性」が低い英語ということになり、努力は報われません。

4 − 発音とイントネーションを覚えれば、前置詞や冠詞も聞こえてくるものです。

5 − 発音のカタカナ表記は英語から見れば間違った音。そのまま発音していないつもりでも、無意識に脳にインプットされています。そんな辞書に頼っていては、いつまでたっても正しい発音は獲得できません。

6〜12 − ここで示した2つの母音の発音はすべて異なります。母音が区別できるかどうかが、英語を聞き取れるかどうかの分かれ道です。

Check sheet 2

CDを聞いて □ に書き取ってみてください。すべて中学レベルの単語です。

1　What _____ ?

2　_____ .

3　Alright. _____ , but I _____ now. OK?

4　Look _____ . You _____ .

　It's really _____ . We're _____ .

5　_____ , I _____ exhausted _____ .

　_____ .

【 汚染度判定 】

・**4問以上正解**

　　汚染度20％以下　素晴らしい。本書のレベルを超えた実力があります。

・**2問以上間違い**

　　汚染度20％以上　書かれたテキストの英語は理解できるが、ネイティブ同士の会話が聞き取れない、ネイティブと電話で話ができない、洋画は字幕がなければ手に負えない、という状態です。日本人の多くが当てはまるようです。このレベルからの脱出には、遠回りのようでも発音からやり直すことが最も効果的です。基礎的な英語力はあるのですから。

・**全問正解できない**

　　汚染度100％　正しい方法とやる気が必要です。気合を入れて本書に取り組まれることを勧めます。努力は必ず報われます。

【 スクリプトと解説 】

　なぜ、こんな簡単な単語が聞き取れないのか。下線部の、多くの人が共通して間違えている箇所に注目してください。

1 ─ What | if I turn the radio on | ?

　　ifは、前後の単語につながる弱い音。onのoは「ア」でも「オ」でもない、アゴを下げて発音する音。この音を知らないと radior に聞こえることがあります。

2 ─ | Well, I told you I don't like her, Marty | .

　　生の英語になじみのない人には、Well, I が「知らない単語」に聞こえます。don'tのtは発音しないので「ドゥン」の感じ。likeとherはつながってlikerに。Martyのtyは軽いので、カタカナ発音の人には「マーリー」と聞こえます。

3 ― Alright. I got you , but I just don't want to talk about it now. OK?

　　案外クセモノなのが it 。「イット」と覚えていると聞き取れません。it [ɪt] の [ɪ] は、「イ」ではなく「エ」に近い音です。

4 ― Look at the top of the mountain . You've got to do it right now . It's really important . We're going to have to leave here .

　　発音しない音が急所です。mountain [máuntn] の下線部の発音は [ntn]。「マウン・ン」の感じ。ところが、そういう発音を聞いても、スペルにつられて「マウンテン」と聞いてしまい、「マウンテン」と発音する人が意外に多いのです。

　　important [ɪmpɔ́:rtnt] も、「インポータント」と、カタカナ読みで聞いてしまう傾向があります。下線部は [tnt] と、子音だけで発音します。

　　英語の音は思い込んだように聞こえる傾向があるので、本書でトレーニングをして、カタカナ読みを卒業してください。

5 ― Eliot , I know if I'm exhausted or not . Let's just get this whole business over with, and I'm sorry I blew up at you .

　　英語のリスニングを難しくしている大きな原因は、スピードとイントネーションの強弱です。日本語の耳は強い音だけを聞いてしまうので、弱くて速い音は抜け落ちてしまいます。また、弱い母音はあいまいになるので、いっそう聞き取りにくくなります。

　　ナチュラルスピードの英語に慣れていない人が I know if I'm exhausted or not. を聞くと、I know ** exhausted * no. と聞こえるものです。

　　Eliot の o はあいまいに、「エリアッ」のように発音します。これを「エリオット」と聞き取らないように！

　　Let's just get this も、スピード不足の人には聞き取りにくいでしょう。

発音力がリスニングUPの
カギを握っている?!

　さあ、あなたの日本人英語汚染度判定はいかがでしたか。実際に、リスニングのどんなところでつまずいているか、おぼろげながら分かってきたのではないでしょうか。トレーニングを始める前に、トレーニングの狙いと目標を明確にしておきましょう。

リスニングの上達と発音は関係する

　英語が音として聞こえていても、聞き取れない状態になるのは、母国語にはない音は、脳が自動的に雑音として処理してしまうからで、これを脳の排他作用と呼んでいます。

　この排他作用が働いている間は、いくら繰り返し聞くなどがんばったところで「聞き取れない」状態を改善するのは困難です。なにしろ脳が勝手に働いているのですから、努力や根性では太刀打ちできません。日本語にはない音を脳に覚えさせる必要があります。

英語と日本語の違いをはっきり知る

　英語の学習者が案外気がついていない、大きな問題は、英語の音は根本的にすべてが日本語とは違っているという点です。音だけではありません。息の出し方、声の響かせ方、音のつながり方など、細かい点でそれぞれ日本語とは異なっているのです。

　しかし、日本人は聞こえた英語を無意識に、よく似た日本語の音に置き換えてしまいます。mountain [máuntn] を「マウンテン」と聞いたり、match と much が同じように聞こえるのはそのためで、これを同化作用と呼んでいます。

　このような状態のまま英語を学んでも、知識は増えたところでなかなか使える英語にはなりません。「英語は読めても話せない」、「聞き取れない」という、「英語が苦手な日本人」の根拠にもなっています。言葉は音。その音を区別できなければ、聞き分けられるはずがないのです。さて、その打開策はと言えば、英語の音と日本語の音の違いを、しっかり把握すること。音の違いが分かれば、英語の1音1音がはっきり聞こえてきます。そうなれば、「文脈で推理」は無用。読む、聞く、話す、すべてが楽になり、励めば励むほど上達に弾みがついてきます。

英語の発音のポイントはアゴにある？！

　英語の発音を熱心に練習した人ほど分かると思いますが、一般的な発音教材を使って、いくら練習しても、ネイティブのように発音することはできません。英語には、アゴを下げながら出す音があります。「アイウエオ」がベースの日本語の発声の仕方と、英語の発声法とは、口の形も動きも異なっています。このことを知らなければ、まねはできないし、微妙な音は聞こえてきません。

不思議なことに、ネイティブの書いた発音教本でさえ、この点を解説したものは皆無に等しく、口の形の写真も、発音し終えた「最終の形」が載っているだけなので、正しく発音することはできません。アゴの動きの説明がないから当然のことです。

　話すとき、普通は気にも留めないことなので、まさかアゴの動きが発音のポイントなんて、と思われるかもしれません。ですが、声に出してみると分かります。鏡を見ながら、アゴの動きに注目して「アイウエオ」と言ってみてください。

　次に、「ア」の形のままで、ゆっくり「イ、ウ、エ、オ」と言ってみましょう。とてもヘンな音になりますね。

　このように、口の形が違うと、日本語の発音でさえ難しくなります。「ア」と「イ」のアゴの違いは指1本分ですが、これがけっこうな違いとなるのです。さらに重要なことは、ネイティブにとっては、まず音が聞こえるからこそ、無意識にアゴの動きを調整できるということです。本書の勧めるトレーニングで日本語にはない音を聞く姿勢が身につけば、アゴを意識しなくとも自然に、ネイティブと同様の口の動きができるようになります。

　英語の場合を、ここで少しだけ確認しておきましょう。たとえば much の u は、日本語の「ア」と同じように発音します。しかし、match の a は、写真のようにアゴを下げながら発音します。次の2枚の写真は、match の a の〈言い始め〉と〈言い終わり〉の口の形です。

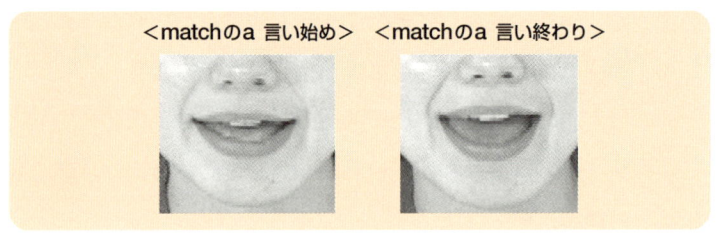

＜matchのa 言い始め＞　＜matchのa 言い終わり＞

この動きは一瞬、音も一瞬ですが、微妙に変化しています。match のつもりで「マッチ」と言うと、本人の意図とは違って much になってしまいます。これがいわゆるカタカナ発音です。

開く音と狭い音

　30音トレーニングでは、「ア」よりもアゴを下げて発音する音を「開く音」、下げない音を「狭い音」と呼んでいます。これらを区別することが発音の特効薬と言ってもいいでしょう。「複雑で手に負えない」と考えられている英語の音をすっきりと整理できて、効率よく身につけることができるからです。

　英語が通じない原因は、英語には、この「開く音」があることを知らないことが第一です。「開く音」をカタカナで発音すると、日本人に慣れていないネイティブには通じません。発音に悩む人はまず、「開く音」をマスターしましょう。

「発音より、話す内容や文法的な正しさが大事」は大きな誤解

　大小はありますが、英語を使う現場ではカタカナ発音によるトラブルが後を絶たないというのに、「日本人は日本語的発音でいい」と言う人がいるのはなぜなのでしょう。主として次のような理由が考えられますが、あなた自身はどうか、チェックしてみましょう。

> ☐ 一定の年齢を過ぎた日本人には英語の発音を覚えるのも直すのも無理、という学説があるから。
> ☐ カタカナのほうが発音しやすいから。
> ☐ カタカナで十分通じると信じている。実際、日本ではそれで通じる。
> ☐ 手っ取り早く英語を覚えるにはそれで十分だ。面倒なことはごめんだ。
> ☐ 発音をCDで聞いてもよくわからない。教えてくれる人もいない。
> ☐ 今までカタカナ発音でやってきた。とくに直す必要はない。
> ☐ 発音記号が面倒。わからない。見るとうんざりする。

　このような理由は、もっとものように聞こえるかもしれません。しかし、どれも「英語が聞けない、話せない」という原因であり、上達の妨げとなる誤解です。英語には英語の音があり、それらを知り、受け入れることから異文化との触れ合いが始まるのではありませんか。

　ここで強調しておきます。実用レベルの発音は、覚えるだけなら1日で十分。定着させるまでには少し時間がかかりますが、10日間ほど、毎日20分トレーニングすれば、英語の音の違いが分かり、イントネーションも身について、「リスニングができるようになった」と実感できるでしょう。

　（その成果は http://www.uda30.com/Hajimete/30-sample.htm で確認できます。）

「UDA式30音トレーニング」の12日間徹底メニュー

トレーニングの構成を説明しましょう。
12日間は大きく2つのパートに分かれます。

パート1　英語の口をきっちり覚える7日間

口まねトレーニング

DAY 1
- 英語の口の形を覚えよう
- アルファベットで英語の音声感覚をつかもう
- 〈30音口まねトレーニング〉

子音の強化トレーニング

DAY 2　＋息のスピードが速い音
30音トレ ① ② ③ ④ ⑤ ⑥ ⑦ ⑧

DAY 3　＋息を破裂させる音
30音トレ ⑨ ⑩ ⑪ ⑫ ⑬ ⑭ ⑮ ⑯

DAY 4　＋鼻と口に響かせる音
30音トレ ⑰ ⑱ ⑲ ⑳

DAY 5　＋変化する音＋その他の音
30音トレ ㉑ ㉒ ㉓

母音の強化トレーニング

DAY 6 😀 ＋ 開く音
　　30音トレ 30音トレ 30音トレ 30音トレ
　　㉔　㉕　㉖　㉗

DAY 7 😀 ＋ 狭い音
　　30音トレ 30音トレ 30音トレ おまけ おまけ おまけ
　　㉘　㉙　㉚　①　②　③

（パートⅡ）英語の耳にぐぐっと近づく5日間

〈定着トレーニング〉

DAY 8 😀 ＋ もやもやをスッキリ！ UDA式発音クリニック

DAY 9 😀 ＋ こんなの初めて！ イントネーショントレーニング

DAY10 😀 ＋ ぐーんと上達！ スピードトレーニング

DAY11 😀 ＋ これでしっかり定着！ センテンストレーニング

DAY12 😀 ＋ これで早口ネイティブもこわくない！ くだけた発音聞き取りテスト

 ## イントネーションが頭の中で響くので読むスピードも格段にアップしました

◆牧野聡子さん

　私が発音に取り組もうと思ったのは、留学していた時に周りの言っていることがわからなかったり、聞き返されることが多かったからです。「日本人にしては発音悪くないでしょ？」と勘違いしていたため、通じない、聞き取れないというのは大変ショックでした。

　偶然見た30音のホームページで、聞き取るには正しい英語の発音を正確に覚えることが必要だということを知りました。そうしてUDA式トレーニングを受けた後は、正確な発音が定着したように思います。これは特に口の形と子音の強さに気をつけるようになったからです。イントネーションにも注意するようにしたら、スピーキング面では通じなくて困ることはなくなり、リスニングに関しては、文がするっと頭に入ってきて記憶に定着しやすくなりました。さらに、読む時も頭の中で響く音が自然なイントネーションになり、読むスピードが格段にアップしました。

　スピーキングに関しては話す時にほとんどストレスなく発話できるようになりました。目標はネイティブに間違われるくらいの発音です。でもまだまだ無理かな…。今はリスニングはもっぱら"Ally Mcbeal"で勉強しています。特に登場人物の口の形に注目して見ています。

　ちなみに、中国語を話すときに口の形に気をつけて話すようにしてみたら、発音はほぼ問題ないよと言われるようになりました。「やっぱ口の形って大切なんだなー」と改めて思いました。

パート1

英語の口を
きっちり覚える7日間

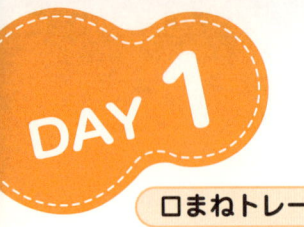

口まねトレーニング　英語の口の形を覚えよう

　英語を発音する口を作ります。声を出す前に、特に大事な口の基本形と舌の位置、そして3つの形を覚えてください。これらの形が正しい英語の発音を作り出します。

　「さあ、やるぞ！」と意気込んで始めたあなた、「何だって？ 口の形なんか、どうでもいいじゃないか！」と出鼻をくじかれたように思っていませんか。英語の発音で重要なポイントは、実はこの口の形にあります。日本語とはまったく違う声の出し方、息の吐き方などを、ここでしっかり、身につけましょう。これから始めるトレーニングの成否を分ける重要な準備です。これをマスターすれば、あなたの耳はネイティブの耳！に変化するはずです。

 口の基本形

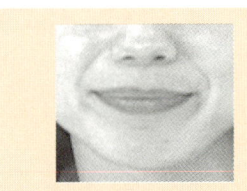

＜唇を閉じた形＞ 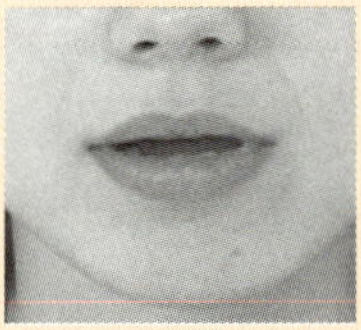　　＜少し唇を離した形＞

　これが英語を話すときの口の形で、とても重要です。「にこっ」とするときのように唇の周りに軽く力を入れ、口を「きゅっ」とむすぶ感じ。ここがポイントです。口を開けるときも、にっこりして話をするようにアゴを下げます。

 舌の基本位置

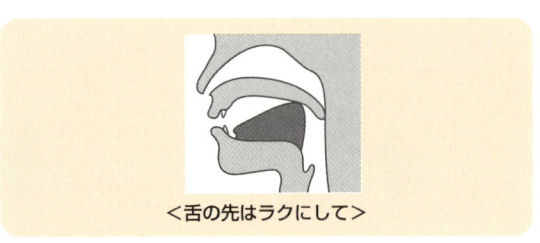

＜舌の先はラクにして＞

　舌の先は楽にして、舌の奥を奥歯につけます。舌の奥は、「カキクケコ」を言うときと同じ形にしましょう。だいたいでOKです。

口まねトレーニング
英語の口の形を覚えよう

 **重要 開く音 a の形**
matchのa

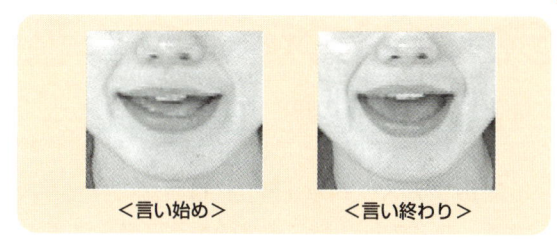
＜言い始め＞　　　＜言い終わり＞

　口を基本形のまま、「エ」で言い始め、上の言い終わりの形になるまでアゴを下げて発音します。「エ〜 ア 〜 æ」と音を変えます。発音したら、口を元に戻します。日本語の「ア」とは違うことがわかりますね。

 **重要 開く音 o の形**
boxのo

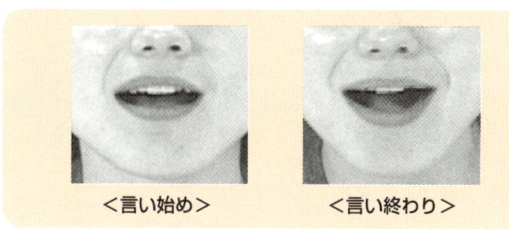
＜言い始め＞　　　＜言い終わり＞

　口を基本形のまま、「ア〜」と言いながら、上の言い終わりの形になるようにアゴを下げ、音が変わるように発音します。口の中に水をためるように、アゴを下げますが、唇はあまり下げません。[ɑ] と [ɔː] の形はほとんど同じです。

 **重要 突き出す形**
sheetのsh

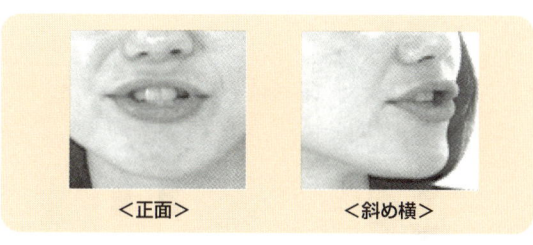
＜正面＞　　　＜斜め横＞

　これは r や sh などを発音するときの形です。唇をアヒルのように、突き出す形にして発音します。

アルファベットで英語の音声感覚をつかもう

　アルファベットの音を「エー・ビー・シー…」と思っていませんか？それは「読み方」ではあっても、会話で使う「音」ではないのです。

　アルファベットの「音」には英語の発音が実は80％以上も含まれています。ここでは、特に男性の言う子音に注意！鼻に響く声、強い子音などを聞き取り、まねてみましょう。音の仕組みがつかめます。トレーニングを一とおりこなしたあと、もう一度やってみると、あなたの音声感覚が変化していることに気づくはずです。

Track 03

The alphabet & consonants

A

b 「ビー」でも「ブ」でもない

c 「シー」よりずっと強い

d

E

f 「エフ」でなく息の音

g

h 「エイチ」や「エッチ」ではない

I

口まねトレーニング
アルファベットで英語の音声感覚をつかもう

DAY 1

j	**k** Bookのk	**l** うなる音
m うなる音	**n** うなる音	**o**
p 「ピー」でも「プ」でもない	**q** [k]と[w]	**r** 変化する音
s 鋭い息の音	**t** 鋭い息の音	**u**
v	**w** ダブルのU	**x** [k]と[s]
y 鋭い息の音	**z** 鋭い息の音	

30音口まねトレーニング

- 「口まね」とは、英語の口の形を学ぶことです。
- これは、毎日繰り返しましょう。毎日3回、約10分。
- 息の速さ、長さを正確に聞き取って、発音してください。
- ♪マークでリピートしてください。

Track 04

〈息のスピードが速い音〉

ポイント 息をできるだけ速く出す

① [s:]♪[s]♪ space♪　　⑤ [θ:]♪[θ]♪ think♪
② [z:]♪[z]♪ zoo♪　　　⑥ [ð:]♪[ð]♪ the♪
③ [f:]♪[f]♪ face♪　　　⑦ [ʃ:]♪[ʃ]♪ sheet♪
④ [v:]♪[v]♪ visit♪　　 ⑧ [ʒ:]♪[ʒ]♪ vision♪

〈息を破裂させる音〉

ポイント 息をできるだけ強く破裂させる

⑨ [p]♪[p]♪[p]♪ please♪　⑬ [t]♪[t]♪[t]♪ take♪
⑩ [b]♪[b]♪[b]♪ bulb♪　　⑭ [d]♪[d]♪[d]♪ date♪
⑪ [k]♪[k]♪[k]♪ keep♪　　⑮ [tʃ]♪[tʃ]♪[tʃ]♪ check♪
⑫ [g]♪[g]♪[g]♪ good♪　　⑯ [dʒ]♪[dʒ]♪[dʒ]♪ jazz♪

口まねトレーニング

30音口まねトレーニング

子音の発音のコツ!

子音はコツがつかみやすいので、母音よりも短い時間でマスターできます。子音の発音で、最も重要な要素は息のスピード。[s] などの子音は、口を基本形にして、息をとても速く吐き出して発音します。日本語の3倍くらい。日本語の息のスピードでは遅すぎて、子音の発音になりません。

〈息を鼻と口に響かせる音〉

ポイント 鼻と口に響かせる

⑰ [lː] ♪ [l] ♪ little ♪　　⑲ [nː] ♪ [n] ♪ since ♪

⑱ [mː] ♪ [m] ♪ home ♪　　⑳ [ŋː] ♪ [ŋ] ♪ sing ♪

〈変化する音〉

ポイント 唇と音を変化させる

㉑ [r] ♪ [r] ♪ [r] ♪ right ♪

㉒ [w] ♪ [w] ♪ [w] ♪ wood ♪

〈その他の音〉

ポイント 「ヤ行」の「イ」の感じで鋭く

㉓ [j] ♪ [j] ♪ [j] ♪ year ♪

「開く音」と「狭い音」（母音）の コツ！

カタカナ発音かどうかの分かれ目は、この音のマスターにかかっています。ここはじっくり時間をかけて挑戦しましょう。重要ポイントの「アゴの下げ方」、そして口の中の「ドーム状」（右図）に注意！日本語の「ウ」の響きの中心は唇に、「ア」は口の中央辺りにありますが、英語の [ɑ] はノド。そしてドーム状の口の中から鼻に響かせます。

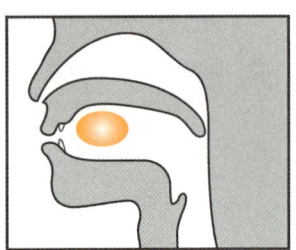

Track 05

〈開く音〉（日本語の「ア」よりもアゴを下げる音）

㉔ [æ] ♪ [æ] ♪ [æ] ♪ au-n-t ♪ aunt ♪
㉕ [ɑ] ♪ [ɑ] ♪ [ɑ] ♪ b-o-x ♪ box ♪
㉖ [ɔː] ♪ [ɔː] ♪ [ɔː] ♪ d-o-g ♪ dog ♪
㉗ [au] ♪ [au] ♪ [au] ♪ h-ou-se ♪ house ♪

〈狭い音〉（アゴを下げない音）

㉘ [ʌ] ♪ [ʌ] ♪ [ʌ] ♪ c-u-t ♪ cut ♪
㉙ [ə] ♪ [ə] ♪ [ə] ♪ o-f ♪ of ♪
㉚ [ɪ] ♪ [ɪ] ♪ [ɪ] ♪ s-i-t ♪ sit ♪

〈母音とrの組み合わせ音〉

① [ɑːr] ♪ [ɑːr] ♪ [ɑːr] ♪ f-ar-m ♪ farm ♪
② [ɔːr] ♪ [ɔːr] ♪ [ɔːr] ♪ or-der ♪ order ♪
③ [əːr] ♪ [əːr] ♪ [əːr] ♪ b-ir-d ♪ bird ♪

口まねトレーニング
30音口まねトレーニング

〈30音口まねトレーニング〉は、毎日のトレーニングの前に必ずやりましょう。忘れないように、次の表を利用してください。

	トレーニングの日付を書き入れましょう	終わったら✔を入れましょう
DAY 1		✓
DAY 2		✓
DAY 3		✓
DAY 4		✓
DAY 5		✓
DAY 6		✓
DAY 7		✓
DAY 8		✓
DAY 9		✓
DAY 10		✓
DAY 11		✓
DAY 12		✓

いよいよスタート！リズムよくがんばろう！

✔マークを書き入れたら本日のトレーニングのページへと進んでください

DAY 2

今日のメニューの前に、🎧04/05で 😊30音口まねトレーニング！

プレ・チェック！ 子音の聞き取りチェック

Track 06

子音の強化トレーニングに入る前に、**あなたが子音をどのくらい区別できるかチェックしてください。**

A 次の組になった単語のうち、発音されているのはどちらの意味か、選んでください。

1. (賭ける　ベッド)　　4. (座席　紙)
2. (基礎　花びん)　　　5. (サイト　側)
3. (銃　ガム)

B 次の組になった単語のうち、発音されているのはどちらの意味か、選んでください。

1. (文法　グラマー)　　4. (折る　持つ)
2. (ワイン　見事な)　　5. (そよ風　息をする)
3. (レーン　雨)

C よく聞いて、読まれた単語を選んでください。

1. The (moss　moth) is spreading.
2. That's really (sick　thick).
3. Will you get me a (spice　slice)?
4. Don't try to stick out (a mile　mine).
5. Nobody likes (his　hiss) sounds.

子音の強化トレーニング
子音の聞き取りチェック

▶▶▶ **正解**

A
1. ベッド　　bed　　（賭ける　bet）
2. 花びん　　vase　　（基礎　base）
3. ガム　　　gum　　（銃　gun）
4. 座席　　　seat　　（紙　sheet）
5. サイト　　site　　（側　side）

B
1. グラマー　glamour　（文法　grammar）
2. 見事な　　fine　　（ワイン　wine）
3. 雨　　　　rain　　（レーン　lane）
4. 折る　　　fold　　（持つ　hold）
5. 息をする　breathe　（そよ風　breeze）

C　1. moss　　2. thick　　3. slice　　4. a mile　　5. hiss

　いかがでしたか。英語の子音を知らないと、この問題は手強かったかもしれません。当たり前に「知っている」と思っている単語も、リスニングでは、前後関係で意味を判断していることがよくあります。15問中、すんなり10問正解できれば合格。楽に10問できた人は、これからの練習で新しい発見や得られるものがたくさん出てくることでしょう。「10問なんてとんでもない」という人、おしいところまでいったけれども、「あれっ、今のはどちらかはっきりしないな」と思った人は、この本でしっかり練習して「こんなの簡単！」と言えるようにがんばりましょう。
　まず次から始まる子音の強化トレーニングで、それぞれの発音のコツをつかんでください。1つ1つの音をていねいに練習していけば、発音も聞き分けもすぐにできるようになります。

Track 07

子音の強化トレーニング　息のスピードが速い音 [s]

30音トレーニング 1

[s] **space** [spéis]
この音は s または c の文字で表す

★発音のポイント

　息を強く、速く出す。歯を合わせて、すき間から息を速く出して発音。下の歯はほんの少し内側に入る。鋭い音が出るように、歯の合わせ方、口元の絞り方を調節する。語尾の [s] は息をできるだけ速く出して、長めに発音。[s] がしっかり発音できるようになれば、他の子音も一気にモノにできる。

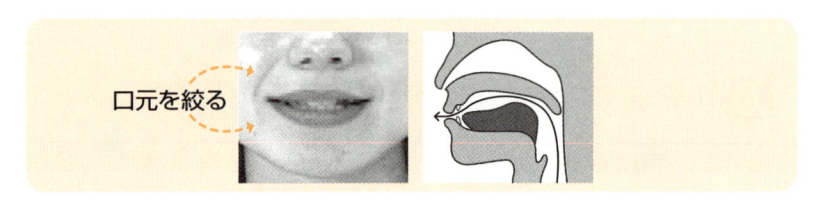

口元を絞る

Practice ターゲットは [S] ♪でリピートしてください。

　長く　　強く
[sː] ♪　[s] ♪　s-p-a-ce ♪ space

1. seat [síːt]
2. lesson [lésn]
3. miss [mís]

Sounds nice. (いいですね)

注意
　space は s, c を強調して、a は軽く発音します。s の後の p は軽く破裂させます。

子音の強化トレーニング
息のスピードが速い音

子音の強化トレーニング 息のスピードが速い音 [z]

Track 08

[z] **zoo** [zúː]
この音は z または s の文字で表す

30音トレーニング 2

★発音のポイント
[s] の有声音が [z]。合わせた歯の間から、息をとても速く吐き出して発音する。tigers などの語尾に来る [z] は、息のスピードが遅いと発音できない。腹筋を使い、息を思い切り速く吐き出して、歯が振動を感じるように息を出す。一瞬で発音できるように練習しよう。

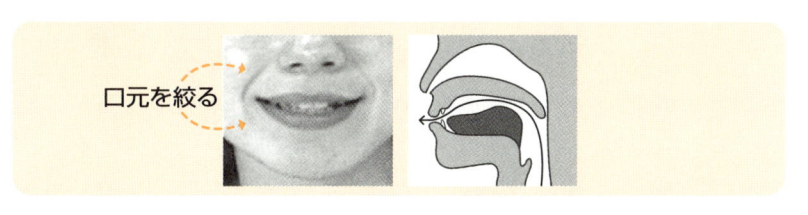

口元を絞る

Practice ターゲットは [z] ♪でリピートしてください。

長く　　強く
[zː] ♪ [z] ♪ z-oo ♪ zoo

1. **z**one [zóun]
2. surpri**s**e [səpráiz]
3. pri**z**e [práiz]

Clo**s**e your eye**s**. （目を閉じて）

子音の強化トレーニング　息のスピードが速い音 [f]

Track 09

30音トレーニング 3

[f] **face** [féis]
この音は **f** または **ph** で表す。
enough の gh は例外的

★発音のポイント

日本語の「フ」よりも口の周りを絞る。下唇の内側を歯に当てて、息を速く出して発音する。下唇をかもうとしないこと。下唇の内側を上の歯に当てる。語尾に来る [f] はスピードが遅いと音にならないので、長く、強調して練習してみよう。

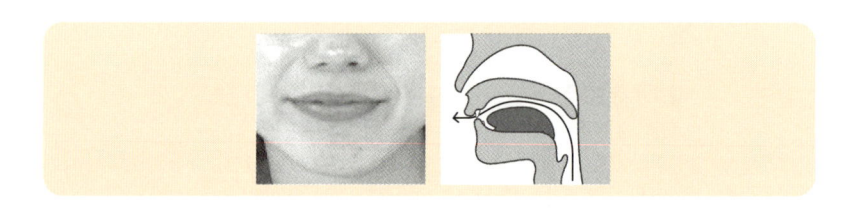

Practice　ターゲットは [f]　♪でリピートしてください。

長く　強く
[fː] ♪ [f] ♪ f-a-ce ♪ face

1. finger [fíŋgər]
2. information [infərméiʃən]
3. safe [séif]

Can you snap your fingers? (指を鳴らせる？)

子音の強化トレーニング
息のスピードが速い音

子音の強化トレーニング 息のスピードが速い音 [v]

[v] **visit** [vízɪt]
この音は v の文字で表す

30音トレーニング 4

★発音のポイント

[f]の有声音が[v]。[f]よりも少し力を入れて口の周りを絞る。歯を唇に当てたまま、鋭く息を吹き出して発音する。唇をかむだけでは[v]にはならない。**下唇は少し絞って、歯に振動が伝わるように息を全速力で出す。**語尾に来る[v]は難しいので、一瞬で発音できるように練習しよう。

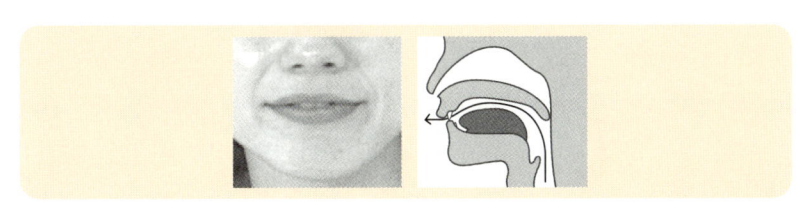

Practice ターゲットは [v] ♪でリピートしてください。

長く　　強く
[vː] ♪ [v] ♪ v-i-sit ♪ visit

1. vice [váis]
2. never [névər]
3. drive [dráiv]

Never say die.
（決してあきらめないで）

注意
visit の [ɪ] は「イ」ではなく、「エ」に近づけて発音。

子音の強化トレーニング　息のスピードが速い音 [θ]

Track 11

[θ] think [θíŋk]
この音は **th** の文字で表す

30音トレーニング 5

★発音のポイント

[θ] は、歯と舌の間から出す息の音。アゴを少し絞るようにして、舌先を歯に当ててはじくように発音する。歯の先端で [t] を発音する感じ。

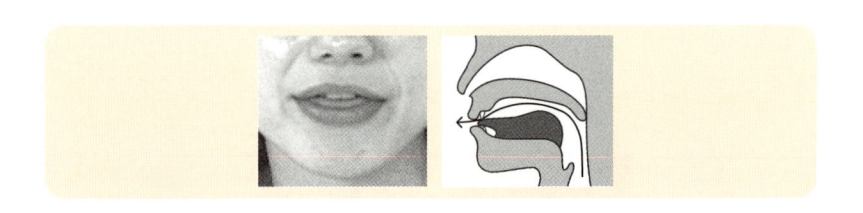

Practice　ターゲットは [θ]　♪でリピートしてください。

　長く　　強く
[θː] ♪ [θ] ♪ th-i-n-k ♪ think

1. th**in** [θín]
2. some**th**ing [sʌ́mθiŋ]
3. bo**th** [bóuθ]

Think it over. （よく考えてね）

> **1つを覚えて応用！**
>
> [s] は歯と歯、[f] は歯と唇、[θ] は歯と舌、それぞれの間から、息を非常に速く出すことが共通点。[s] は鋭く、[f] は少し柔らかく、[θ] はニブイ感じの響き、と覚えておきましょう。

子音の強化トレーニング
息のスピードが速い音

子音の強化トレーニング 息のスピードが速い音 [ð]

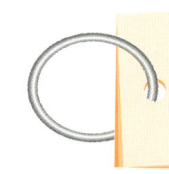

[ð] **the** [ðə]
この音は th の文字で表す

30音トレーニング 6

★発音のポイント

[θ]の有声音が[ð]。アゴを少し絞るようにして、舌先を歯に当てて、はじくように発音する。歯の先端で[d]を発音する感じ。the [ðə]は「ザ」ではない。e [ə]は「あいまい母音」。文中では聞こえないくらいに軽く発音する。

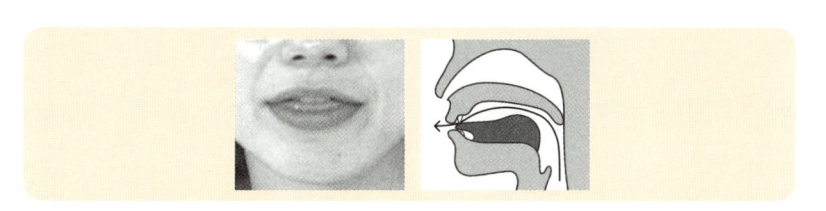

Practice ターゲットは [ð] ♪でリピートしてください。

長く　強く
[ðː] ♪ [ð] ♪ th-e ♪ the

1. **th**ey [ðéi]
2. ei**th**er [íːðər]
3. smoo**th** [smúːð]

Like **th**is? (こういうふうに？)

Track 13 | 子音の強化トレーニング | 息のスピードが速い音 [ʃ]

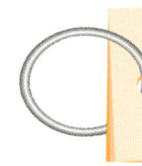

[ʃ] sheet [ʃíːt]
この音は主に sh、c、s、t、ch の文字で表す

30音トレーニング 7

★発音のポイント
歯を合わせ、唇をアヒルのように突き出して、[s] よりもずっと鋭く「シュッ」と息を出して発音する。コツは唇を軽く絞り、歯の先端に軽く力を入れること。舌の先は前歯に軽く触れる。唇を突き出さないと音が弱くなり、sheet が seat に聞こえる場合がある。

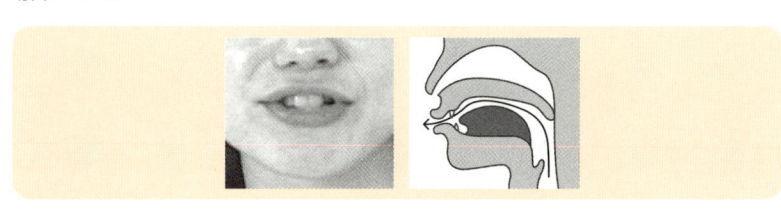

Practice ターゲットは [ʃ] ♪でリピートしてください。

長く　強く
[ʃː] ♪ [ʃ] ♪ sh-ee-t ♪ sheet

1. shine [ʃáin]
2. shoes [ʃúːz]
3. fresh [fréʃ]

What's your wish? (何をお望み？)

子音の強化トレーニング
息のスピードが速い音

Track 14

子音の強化トレーニング　息のスピードが速い音 [ʒ]

[ʒ] **vision** [víʒən]

30音トレーニング 8

この音は s の文字で表す

★発音のポイント

[ʃ] の有声音が [ʒ]。歯を軽く合わせて、唇をアヒルのように突き出して、[z] よりも勢いよく、「ジュッ」と息を出して発音する。舌の先は自然に、前歯に軽く触れる。肩の力を抜き、腹筋を使って発音しよう。

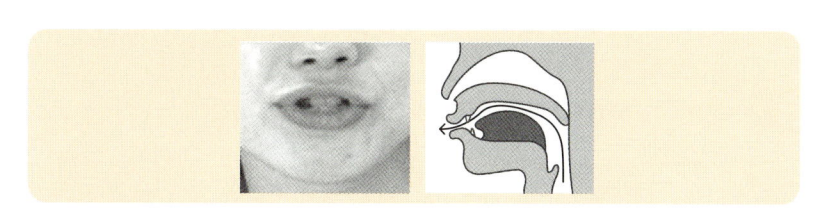

Practice ターゲットは [ʒ] ♪でリピートしてください。

長く　　強く
[ʒː] ♪ [ʒ] ♪ v-i-si-on ♪ vision

1. u**s**ual [júːʒuəl]
2. ca**s**ual [kǽʒuəl]
3. deci**s**ion [dɪsíʒən]

Same as u**s**ual. （いつものとおり）

聞き取り効果実感テスト 1

息のスピードが速い音
[s, z, f, v, θ, ð, ʃ, ʒ]

CDは1回だけ聞いて解答します。

A よく聞いて、次の組みになった単語のうち読まれたのはどちらか、○で囲んでください。

1. (cheep sheep)   6. (useful youthful)
2. (fan van)   7. (miss myth)
3. (wish fish)   8. (fin thin)
4. (breath press)   9. (choose shoes)
5. (vision pigeon)   10. (cash catch)

B よく聞いて、読まれた単語のスペルを書き入れてください。

1. ☐ an   ☐ an
2. ☐ igh   ☐ igh
3. ☐ ine   ☐ ine
4. ☐ ing   ☐ ing
5. ☐ anish   ☐ anish

C よく聞いて、読まれた単語を○で囲んでください。

1. Don't be so (**dense**   **tense**)!
2. He's (**thinking**   **sinking**) in the pool.
3. You should (**fold**   **hold**) it more gently.
4. The disease passed from the (**mouth**   **mouse**) to the bird.
5. All you need is one more (**vote**   **boat**).

D これが分かれば合格　よく聞いて、空欄に単語を書き入れてください。

A : Whose [____] is that?

B : The [____] over there is hers and this is mine.

A : Look. I'm talking about the [____] down there.

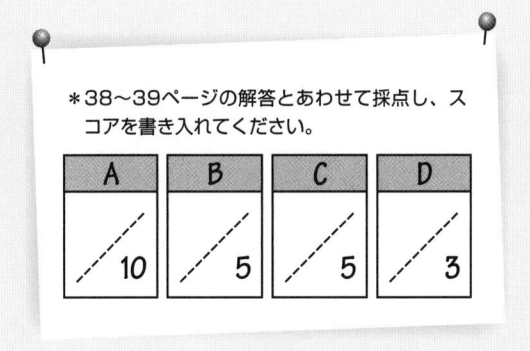

*38～39ページの解答とあわせて採点し、スコアを書き入れてください。

A	B	C	D
/10	/5	/5	/3

聞き取り効果実感テスト 1 ▶▶▶ 正解

判定ガイド

16問正解で合格。それぞれの合格ラインに達しなかった人は、復習しょう。

A 合格ラインは 7/10

1. (cheep **sheep**)
2. (**fan** van)
3. (**wish** fish)
4. (breath **press**)
5. (**vision** pigeon)
6. (useful **youthful**)
7. (**miss** myth)
8. (fin **thin**)
9. (**choose** shoes)
10. (cash **catch**)

Point
6.～8.は一瞬でsとthを判断するのは難しい。「どっちだろう」と迷った人も多かったのではないだろうか。sはthよりも音が鋭いことが分かれば聞き分けられる。それがつかめていない場合には、再度、強化トレーニングをしておこう。

B 合格ラインは 3/5

1. **b** an　　**v** an
2. **th** igh　　**s** igh
3. **v** ine　　**f** ine
4. **s** ing　　**th** ing
5. **b** anish　　**v** anish

Point
1.と5.の聞き分けに自信がない人は、bの破裂する音、vのにぶく、振動する音に注目して、もう一度強化トレーニングを。2.は、こういうスペルでこういう発音をするということを知らなかった人もいるかもしれない。これを機会に覚えよう。

子音の強化トレーニング
聞き取り効果実感テスト1〈正解〉

C 合格ラインは 4/5

1. Don't be so (**dense**　tense)!
2. He's (**thinking**　sinking) in the pool.
3. You should (fold　**hold**) it more gently.
4. The disease passed from the (mouth　**mouse**) to the bird.
5. All you need is one more (**vote**　boat).

> **Point**
> 単音で聞き分けができても、文の中で聞き分けができなければ実用性はあまりない。推測で選んだ人はいないだろうか。そういう人はトレーニングのやり直しを。

D 合格ラインは 2/3

A: Whose　**seat**　is that?

B: The　**sheet**　over there is hers and this is mine.

A: Look. I'm talking about the　**seat**　down there.

> **Point**
> sとshは、どちらも息のスピードは速い。しかし発音するときの口の形が違うので音も違う。音を聞いて口の形がイメージできると、聞き分けも簡単。

DAY 3

今日のメニューの前に、🎧 04/05 で 📱 30音口まねトレーニング！

🎧 Track 16 　**子音の強化トレーニング**　息を破裂させる音 [p]

[p] **please** [plíːz] 30音トレーニング ⑨
この音は p の文字で表す

★発音のポイント

　むすんだ唇で、息を破裂させて発音する。細く切ったティッシュペーパーを口の前にたらし、「プ」と言うよりティッシュが大きく揺れるかどうか、試してみよう。[p] の破裂をチェックするにはいい方法。please は、p と l の間に[ウ]が入りやすいので注意しよう。please と pull ease の区別がつけば合格！語頭に来る [p] は強く破裂させるが、spell や help など、s の後ろや語尾に来る [p] は、あまり破裂させず、軽く発音する。

発音する直前に、唇をきゅっとむすぶ

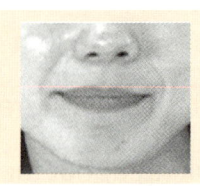

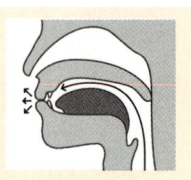

Practice ターゲットは [p]　♪でリピートしてください。

強く　もっと強く
[p] ♪ [p] ♪ p-l-ea-se ♪ please

1. **p**aper [péipər]
2. ex**p**ect [ɪkspékt]
3. li**p** [líp]

Ho**p**e for the best.　（[最後まで]希望を抱きましょう）

子音の強化トレーニング
息を破裂させる音

子音の強化トレーニング 息を破裂させる音 [b]

[b] **bulb** [bʌ́lb]
この音は **b** の文字で表す

30音トレーニング 10

★発音のポイント

[p]の有声音が[b]。むすんだ唇で息を破裂させて発音する。ただし、[p]ほど強く息を破裂させない。語尾に来る[b]は軽く発音する。[b]を強く破裂させようとして、母音まで強く発音しないように注意しよう。

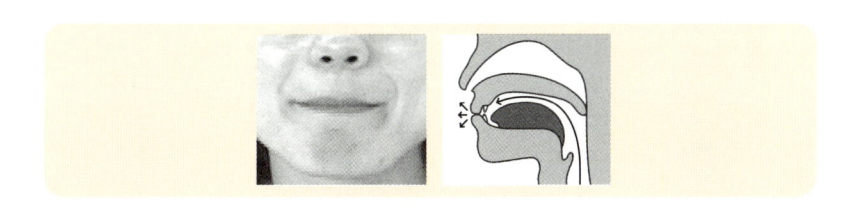

Practice ターゲットは [b] ♪でリピートしてください。

強く　もっと強く
[b] ♪ [b] ♪ b-u-l-b ♪ bulb

1. **b**ase [béis]
2. ha**b**it [hǽbɪt]
3. su**b** [sʌ́b]

Do your **b**est. (ベストを尽くしなさい)

子音の強化トレーニング　息を破裂させる音 [k]

[k] **keep** [kíːp]　30音トレーニング 11

この音は **k** または **c, ch** の文字で表す

★発音のポイント

[k] は、「カキクケコ」を言うときのように、舌の奥で強く破裂させて発音する。もちろん、カ行の「ク」よりもずっと強く破裂させる。簡単な発音だが、文の中では弱くなりがちなので、しっかり破裂させて発音しよう。k-ee-p, c-l-ea-n と一音ずつ発音して、それぞれの音がほぼ同じ強さになれば合格。語尾に来る [k] は軽く発音する。

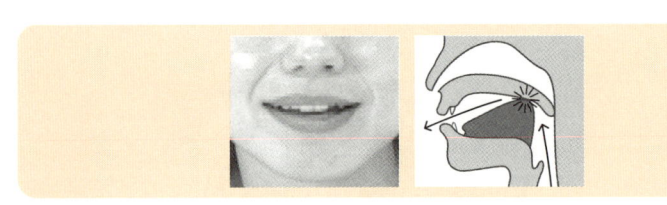

Practice　ターゲットは [k]　♪でリピートしてください。

強く　もっと強く
[k] ♪ [k] ♪ [k] ♪ k-ee-p ♪ keep

1. **c**lean [klíːn]
2. be**c**ome [bɪkʌ́m]
3. pi**ck** [pík]

Ex**c**use me. I'll be right ba**ck**.
（ちょっと失礼します。すぐに戻ります）

子音の強化トレーニング
息を破裂させる音

子音の強化トレーニング　息を破裂させる音 [g]

Track 19

[g] **good** [gúd]
この音は g の文字で表す

30音トレーニング 12

★発音のポイント

[k]の有声音が[g]。舌の奥で強く破裂させて発音する。[g]は「グ」と言うときより強く破裂させれば正しく発音できるが、語中にある[g]を強く破裂させるには練習が必要になる。また、語尾の[g]を略したり、[k]で発音してはいけない。軽く破裂させよう。

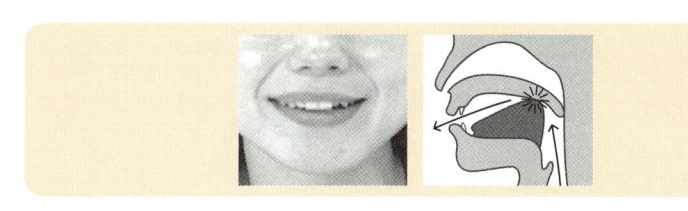

Practice　ターゲットは [g]　♪でリピートしてください。

強く　もっと強く
[g] ♪ [g] ♪ [g] ♪ g-oo-d ♪ good

1. get [gét]
2. English [íŋglɪʃ]
3. wig [wíg]

Let's begin. （始めましょう）

Track 20

子音の強化トレーニング　息を破裂させる音 [t]

[t] **take** [téik]
この音は t の文字で表す

30音トレーニング 13

★発音のポイント

舌の先で上歯茎をはじくようにして、息を破裂させて発音する。単語の途中や、文中の t は弱くなりがち。軽く、強く発音できるように練習しよう。

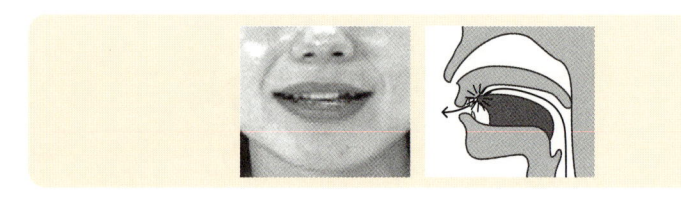

Practice ターゲットは [t]　♪でリピートしてください。

強く　もっと強く

[t] ♪ [t] ♪ [t] ♪ t-a-ke ♪ take

1. **t**ea [tíː]
2. le**tt**er [létər]
3. fi**t** [fít]

Take your **t**ime.
（ごゆっくりどうぞ）

変化する音に注意！

little や it is のように、アクセントがない音節の t は、「軽い d 」で発音することがあります。t は破裂しているか、「軽い d 」か、細かく聞き取ることが大切です。

子音の強化トレーニング
息を破裂させる音

Track 21

子音の強化トレーニング 息を破裂させる音 [d]

30音トレーニング 14

[d] **date** [déit]
この音は d の文字で表す

★発音のポイント

　[t]の有声音が[d]。舌の先で破裂させて発音する。[t]を強く発音すると、破裂する感じがわかるはず。[t, d]と続けて発音してみよう。日本人の弱点は、語尾や文末の[d]を略したり、[t]で発音してしまうこと。bedを「ベット」ではなく、軽く、しかし、しっかり[d]で発音しよう。

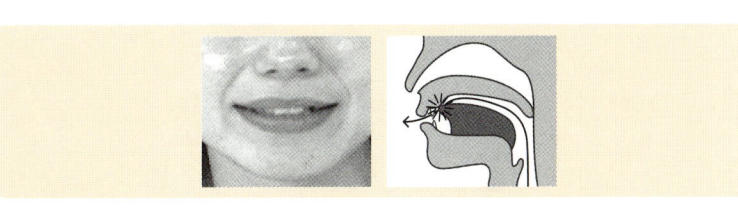

Practice ターゲットは [d] ♪でリピートしてください。

強く　もっと強く
[d] ♪ [d] ♪ [d] ♪ d-a-te ♪ date

1. **d**ay [déi]
2. mi**dd**le [mídl]
3. hun**d**re**d** [hʌ́ndrəd]

I'**d** love to! （喜んで！）

子音の強化トレーニング 息を破裂させる音 [tʃ]

Track 22

[tʃ] **check** [tʃék]
この音は **ch** の文字で表す

30音トレーニング 15

★発音のポイント

[tʃ]は、**唇をアヒルのように突き出して、舌を歯につけて、「チッ」よりも強く息を破裂させて発音する**。口の周りを絞り、歯をしっかり合わせると発音しやすい。「チェック」や「ピクチャー」などの、よく使うカタカナ発音は破裂音が弱いので要注意。([tʃ]は[t]と[ʃ]を同時に発音する、という記号)

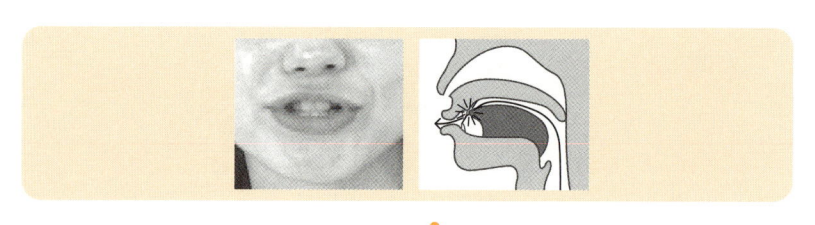

Practice ターゲットは [tʃ] ♪でリピートしてください。

強く　もっと強く

[tʃ] ♪ [tʃ] ♪ [tʃ] ♪ ch-e-ck ♪ check

1. **ch**eese [tʃíːz]
2. pic**t**ure [píktʃər]
3. ea**ch** [íːtʃ]

May I see the pic**t**ure? (その写真、見てもいい？)

子音の強化トレーニング
息を破裂させる音

子音の強化トレーニング　息を破裂させる音 [dʒ]

[dʒ] **jazz** [dʒǽz]
この音は j または g の文字で表す

30音トレーニング 16

★発音のポイント

[tʃ] の有声音が [dʒ]。唇を突き出し、歯と舌で「ヂ」よりも強く破裂させて発音する。口の周りを絞り、歯をしっかり合わせると発音しやすい。難しい発音なので、歯の合わせ方を工夫して、勢いよく破裂して発音できるよう、十分に練習しよう。（[dʒ] は [d] と [ʒ] を同時に発音する、という記号）

Practice ターゲットは [dʒ]　♪でリピートしてください。

強く　　もっと強く
[dʒ] ♪ [dʒ] ♪ [dʒ] ♪ j-a-zz ♪ jazz

1. just [dʒʌst]
2. major [méidʒər]
3. subject [sʌ́bdʒɪkt]

Let's change the subject. （話題を変えましょう）

聞き取り効果実感テスト 2

息を破裂させる音
[p, b, k, g, t, d, tʃ, dʒ]

CDは1回だけ聞いて解答します。

A よく聞いて、次の組みになった単語のうち読まれたのはどちらか、○で囲んでください。

1. (cut   gut)
2. (cheese   tease)
3. (cap   cab)
4. (tie   thigh)
5. (fork   pork)
6. (bread   dread)
7. (bright   plight)
8. (chains   change)
9. (bed   bet)
10. (choke   joke)

B よく聞いて、読まれた単語のスペルを書き入れてください。

1. ☐ t ☐ t
2. ☐ it ☐ it
3. ☐ ot ☐ ot
4. ☐ rave ☐ rave
5. e ☐ e ☐

子音の強化トレーニング
聞き取り効果実感テスト2

C よく聞いて、読まれた単語を○で囲んでください。

1. Excuse me, but that's my (**cap**   **cab**).
2. She (**blushed**   **flushed**) up to the ears.
3. You can't foresee your (**doom**   **boom**).
4. I saw a (**mound**   **mount**) of old books.
5. Do you (**lend**   **lent**) your bike?

D これが分かれば合格　よく聞いて、空欄に単語を書き入れてください。

A : Which one would you like, ☐ or beef?

B : Well, let's see. Will you get me the ☐ ?

C : Here you go.

B : Thanks. I'll take the ☐ .

*50〜51ページの解答とあわせて採点し、スコアを書き入れてください。

A	B	C	D
/10	/5	/5	/3

聞き取り効果実感テスト 2 ▶▶▶ 正解

判定ガイド

19問正解で合格。それぞれの合格ラインに達しなかった人は、どこが弱点かを明確にして復習しよう。

A 合格ラインは 8／10

1. (cut **gut**)
2. (cheese **tease**)
3. (**cap** cab)
4. (tie **thigh**)
5. (**fork** pork)
6. (**bread** dread)
7. (bright **plight**)
8. (chains **change**)
9. (**bed** bet)
10. (**choke** joke)

Point

8.と9.は見た目よりも難しい。語尾は弱く一瞬なので、「あれ？」とわからなくなることがあり得る。それ以外はしっかり聞き取りたい。

B 合格ラインは 4／5

1. **ge** t   **deb** t
2. **p** it   **b** it
3. **p** ot   **d** ot
4. **g** rave   **c** rave
5. e **tch**   e **dge**

Point

debt, etch, edge は知らなければ書けない。分からなかった場合には、今ここで文字と音を覚えてしまおう。音の聞き分けとしてはさほど難しいものではない。

子音の強化トレーニング
聞き取り効果実感テスト2〈正解〉

C 合格ラインは 4/5

1. Excuse me, but that's my (cap (cab)).
2. She ((blushed) flushed) up to the ears.
3. You can't foresee your ((doom) boom).
4. I saw a ((mound) mount) of old books.
5. Do you ((lend) lent) your bike?

Point
語尾は弱く発音されるので、1.と5.はやや難しい。単語の聞き分けが苦手だと思う人は、語尾に細心の注意を払って練習してみよう。

D 合格ラインは 3/3

A: Which one would you like, | pork | or beef?

B: Well, let's see. Will you get me the | fork | ?

C: Here you go.

B: Thanks. I'll take the | pork | .

Point
フォークと豚肉は区別できて当然。この問題を間違えた人や自信がない人は、f, p だけではなく、「息のスピードが速い音」と「息を破裂させる音」を、納得できるまで復習しよう！ 解説を忠実に実行すれば短時間でモノにできるはず。

DAY 4

今日のメニューの前に、🎧 04/05で 👄 30音口まねトレーニング！

🎧 Track 25 **子音の強化トレーニング**　鼻と口に響かせる音 [l]

[1] **littl**e [lítl]
この音は l の文字で表す

30音トレーニング **17**

★発音のポイント

舌の先を上歯茎に付けて、勢いよく「ル」と発音する。軽く、鼻に響かせることがポイント。鼻に響かせるには、まず、ハミングで「ンー」と言い、次に舌を付けたまま、「ルー」と言う。そして口と舌で [l] と発音すればOK。語尾は長めに発音するので、日本語の「オ」のように聞こえることがある。

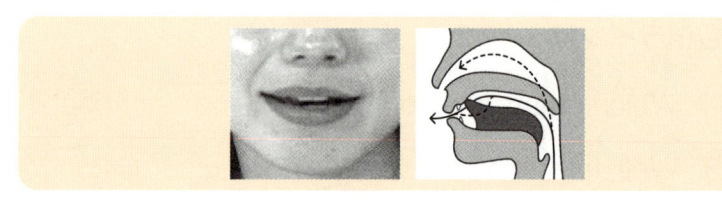

Practice ターゲットは [l] ♪でリピートしてください。

　　長く　　強く
[lː] ♪ [l] ♪ l-i-tt-le ♪ little

1. like [láik]
2. play [pléi]
3. tool [túːl]

I like the little one. （私は小さいのが好き）

子音の強化トレーニング
鼻と口に響かせる音

Track 26

子音の強化トレーニング 鼻と口に響かせる音 [m]

[m] **home** [hóum]
この音は m の文字で表す

30音トレーニング 18

★発音のポイント

唇を合わせて、勢いよく「ムー」と、鼻と口に響かせて発音する。日本語の「ム」よりも長く、鼻に響かせてから唇を離す。唇を合わせただけでは [m] にはならない。強く、長めに鼻に響かせて、唇を突き放すように離して完了。語尾に来る [m] は、1秒くらい長めに発音してみよう。

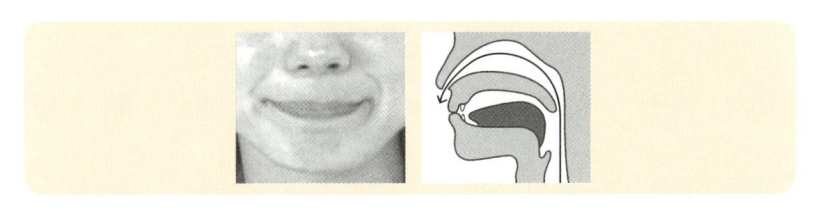

Practice ターゲットは [m] ♪でリピートしてください。

長く　強く
[mː] ♪ [m] ♪ h-o-me ♪ home

1. meet [míːt]
2. number [nʌ́mbər]
3. team [tíːm]

He's a member of our team. (彼はチームのメンバーです)

子音の強化トレーニング 鼻と口に響かせる音 [n]

Track 27

[n] **night** [náit]
この音は n の文字で表す

30音トレーニング 19

★発音のポイント

舌を上の歯茎につけて、勢いよく「ンー」と鼻に響かせて発音する。舌を付けただけでは [n] にはならない。日本語の「ン」よりも強く、長めに鼻に響かせ、舌を離して完了。student のように、語中や、語尾に来る n を日本語の「ン」で発音しがちなので要注意。l, m 同様に長めに!!

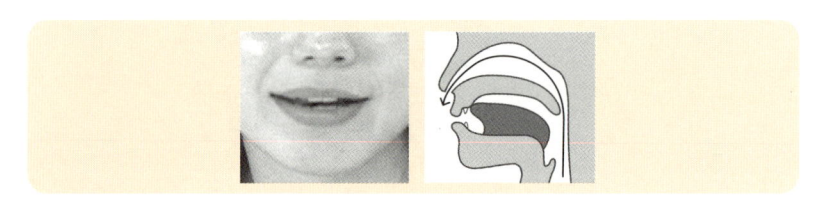

Practice ターゲットは [n] ♪でリピートしてください。

長く　　強く
[nː] ♪ [n] ♪ n-igh-t ♪ night

1. **n**ice [náis]
2. ma**ny** [méni]
3. su**n** [sÁn]

How do you like the new apartment?
(新しいアパートは気に入りましたか)

子音の強化トレーニング
鼻と口に響かせる音

子音の強化トレーニング 鼻と口に響かせる音 [ŋ]

[ŋ] **sing** [síŋ]
この音は主に **ng** または **nk** の文字で表す

30音トレーニング 20

★発音のポイント

舌の奥を上あごに付けて、[ンヶ]と軽く鼻に響かせる。[ŋ] は軽く鼻に抜ける音。「グ」のようにはっきりした音ではない。ただし、nothing、wrong などを nothin、wron と、[in]や[n]で発音しないよう注意しよう。

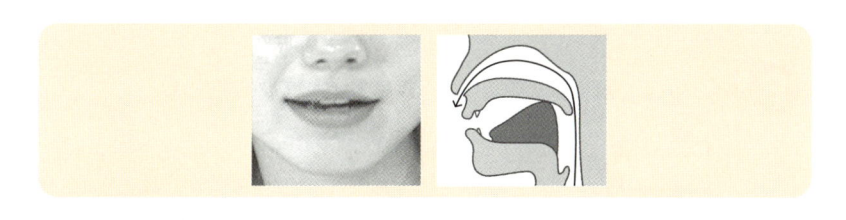

Practice ターゲットは [ŋ] ♪でリピートしてください。

長く　　強く
[ŋː] ♪ [ŋ] ♪ s-i-ng ♪ sing

1. drink [dríŋk]
2. single [síŋgl]
3. feeling [fíːlɪŋ]

Don't get me wrong. (私を誤解しないで)

聞き取り効果実感テスト 3 鼻と口に響かせる音
[l, m, n, ŋ]

CDは1回だけ聞いて解答します。

A よく聞いて、次の組になった単語のうち読まれたのはどちらか、○で囲んでください。

1. (ran ram)   6. (bone bomb)
2. (night might)   7. (man mal)
3. (tool tomb)   8. (mut nut)
4. (seen seem)   9. (tongue ton)
5. (widow window) 10. (thin thing)

B よく聞いて、読まれた単語のスペルを書き入れてください。

1. ☐ine   ☐ine
2. ☐ight ☐ight
3. fi☐   fi☐
4. w☐   w☐
5. ski☐   ski☐

子音の強化トレーニング

聞き取り効果実感テスト3

C よく聞いて、読まれた単語を○で囲んでください。

1. I told you it's (**mine**　**nine**).
2. Don't (**sign**　**sigh**).
3. Are you looking for the (**gum**　**gun**)?
4. We dropped the (**bone**　**bomb**).
5. That's his (**motto**　**model**).

D これが分かれば合格　よく聞いて、空欄に単語を書き入れてください。

A : Is there anything I can do to help?

B : You bet. Would you ☐ these potatoes, please?

A : How can I ☐ them?

B : It's easy. Use the ☐ .

A : Oh, ☐ ! OK. I got it.

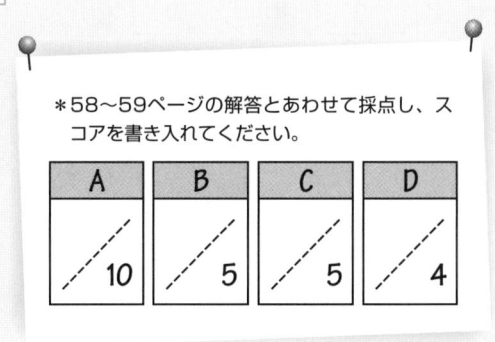

*58〜59ページの解答とあわせて採点し、スコアを書き入れてください。

A	B	C	D
/10	/5	/5	/4

聞き取り効果実感テスト 3 ▶▶▶ 正解

判定ガイド

17問正解で合格。それぞれ合格ラインに達しなかった人は、どこが弱点かを明確にして復習しよう。

A 合格ラインは 7/10

1. (ran **ram**)
2. (**night** might)
3. (**tool** tomb)
4. (seen **seem**)
5. (**widow** window)
6. (bone **bomb**)
7. (**man** mal)
8. (mut **nut**)
9. (**tongue** ton)
10. (**thin** thing)

Point
その単語は知らない、というケースがあるかもしれない。しかし、音そのものを聞き取れれば単語も聞き取れる、ということを実感することが重要である。1.7.10.はやや難しい。英語特有の、鼻に響く音を聞き取れれば分かるようになり、自信が出てくるはずだ。

B 合格ラインは 4/5

1. **m** ine   **l** ine
2. **n** ight   **m** ight
3. fi **ll**   fi **n**
4. w **him**   w **ill**
5. ski **n**   ski **ll**

Point
4.の whim（でき心）は、ややレベルの高い単語。「知らなかった」が多数派だろう。その他の基本単語は正解であってほしい。

子音の強化トレーニング

聞き取り効果実感テスト3〈正解〉

C 合格ラインは 3/5

1. I told you it's (**(mine)** nine).
2. Don't (sign **(sigh)**).
3. Are you looking for the (**(gum)** gun)?
4. We dropped the (bone **(bomb)**).
5. That's his (motto **(model)**).

Point
この問題は少々手強い。あやふやだ、自信がない、という人は、ネイティブの鼻の響きに耳を傾けて、強化トレーニングを復習しておこう。

D 合格ラインは 3/4

A : Is there anything I can do to help?

B : You bet. Would you [peel] these potatoes, please?

A : How can I [heal] them?

B : It's easy. Use the [peeler].

A : Oh, [peeler] ! OK. I got it.

Point
ここでのスペルミスは許容範囲。しかし、ゴールは、「音が聞き取れるから全部正解できる」であることを、常に肝に銘じておこう。

よーし！
楽しいリズムで
Let's go, go!

DAY 5

今日のメニューの前に、04/05で 30音口まねトレーニング！

子音の強化トレーニング 変化する音 [r]

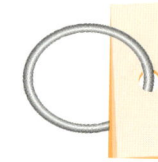

Track 30

[r] **right** [ráit]
この音は r の文字で表す

30音トレーニング 21

★発音のポイント

　r の特徴は、言い始めと終わりで音が微妙に変化するあいまいな音。「難しい」と思いこむのは早い。唇を突き出す形で、舌を動かさないで「ル」と言えば通じる発音になる。right の ri は、すぼめて突き出した唇を、引き戻しながら発音する。

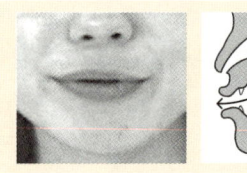

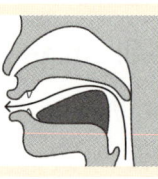

アヒルのように突き出す

Practice ターゲットは [r] ♪でリピートしてください。

[r] ♪ [r] ♪ [r] ♪ r-igh-t ♪ right

1. rich [rítʃ]
2. cry [krái]
3. your [júər]

I'll be right with you. （すぐに行きます）

子音の強化トレーニング
変化する音

豆知識　[r]の発音のポイント

　[r] は言い始めと終わりで音が変化します。舌を動かさないで、「ウ」または「ル」と言いながら、唇を突き出しながら発音します。

　舌先は、下の歯茎に付けたまま。舌の後ろは上の奥歯に付けるようにして、唇を突き出しながら音を変化させます。ポイントは声の方向を変えること。唇を突き出して、声はドーム状の空間と鼻に響かせる。

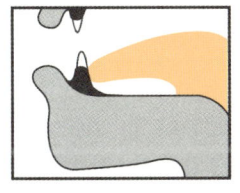

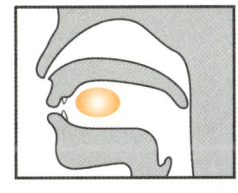

〈舌先を下に置いたまま踏ん張る〉

　「下の歯茎に押し付けたまま」というのは、舌を丸めないで [r] を発音することですが、これには慣れが必要です。丸めたくなる気持ちを抑えて、がんばって、下の歯茎に置いておきます。

　語頭の [r] は突き出す形で発音し、car のように「母音と r」の場合は舌を丸める、という人もいます。つまり、舌または唇を動かして音が変わればいいので、どの方法でもOKです。

　「ウ」や「ル」のように輪郭がはっきりした音を期待していると、定説のように [r] は難しいと誤解するでしょう。しかし、アヒルのように唇を突き出す形で、「ウ」でも「ル」でもない、あいまいな音を出せばいい、ということに気づくと、[r] はとても簡単、ということが分かるでしょう。

　語頭の [r] を聞き取ることは比較的に簡単です。[l] よりも丸い感じの響きを覚えると、聞き取れるようになります。しかし、語中の [r] は聞き分けが難しいので、たくさん場数をふんで慣れてください。

　UDA式30音トレーニングでは、舌を巻かない方法をオススメしています。会話においては、ナチュラルスピードだと、巻かずにしゃべったほうがラクなので、ネイティブはそのように話す方が多いのです。ネイティブと話す機会がある方は、注意してみてください。映画でも、確認できます。

子音の強化トレーニング　変化する音 [w]

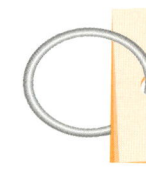

Track 31

[w] **wood** [wúd]
この音は w の文字で表す

30音トレーニング 22

★発音のポイント

[w] は文字どおり double-u、2つの u をつなぐ音。唇を丸めて突き出し、「ウ〜」と言いながら唇を引く。引いたときに普通の「ウ」になればOK。日本語の「ウッド」には [w] がない。口をすぼめて発音しよう。

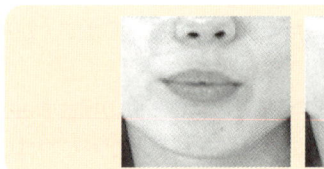

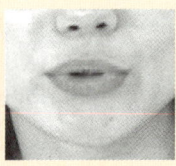

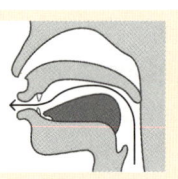

Practice ターゲットは [w] ♪でリピートしてください。

[w] ♪ [w] ♪ [w] ♪ w-oo-d ♪ wood

1. wise [wáiz]
2. queen [kwíːn]
3. one [wʌ́n]

How much is that wine?
（あのワインはいくら？）

注意
qu の発音は [kw]。q のあとの [w] は、唇の動きが忙しいので練習が必要です。

子音の強化トレーニング
変化する音

子音の強化トレーニング 変化する音 [j]

[j] **yes** [jés]
この音は **y**, **u**, または **i** の文字で表す

30音トレーニング 23

★発音のポイント

舌の奥を上アゴに押し付けて、日本語の「イ」よりも鋭く発音する。唇は楽にして、舌に少し力を入れる（ヤイユエヨを言う感じ）。[I] よりも鋭い音を表すのが [j] で、you [jú:] は「ィユー」のように発音する。

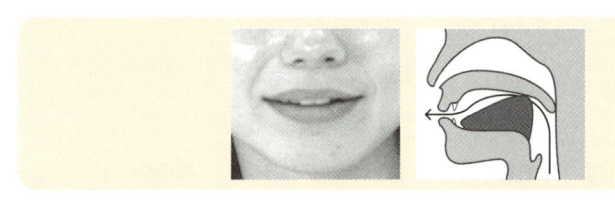

Practice ターゲットは [j]　♪でリピートしてください。

[j] ♪ [j] ♪ [j] ♪ y-e-s ♪ yes

1. **y**ear [jíər]
2. be**y**ond [bɪjánd]
3. famil**i**ar [fəmíljər]

We were in the same **y**ear at college.

（私たちは大学で同学年でした）

聞き取り効果実感テスト 4 　LとRを聞き分ける

CDは1回だけ聞いて解答します。

A よく聞いて、次の組になった単語のうち読まれたのはどちらか、○で囲んでください。

1. (light　right)
2. (lip　rip)
3. (loyal　royal)
4. (leach　reach)
5. (late　rate)
6. (lead　read)
7. (look　rook)
8. (load　road)
9. (leaf　reef)
10. (lighting　writing)

B よく聞いて、次の組になった単語のうち読まれたのはどちらか、○で囲んでください。

1. (belly　berry)
2. (clash　crash)
3. (flame　frame)
4. (mirror　miller)
5. (clue　crew)
6. (flock　frock)
7. (bland　brand)
8. (plays　praise)
9. (bloom　broom)
10. (clime　crime)

子音の強化トレーニング

聞き取り効果実感テスト4

C よく聞いて、読まれた単語を○で囲んでください。

1. No more (**flight**　**frigh**t).

2. The long (**list**　**wrist**).

3. A piece of (**lime**　**rhyme**).

4. They were (**pleasant**　**present**).

5. This is the (**flock**　**frock**) coat.

D よく聞いて、読まれた単語を○で囲んでください。

1. This (**lane**　**rain**) gets on my nerves.

2. That was a (**long**　**wrong**) answer.

3. Would you like to go and see the (**race**　**lace**)?

4. How do you like the (**red**　**led**)?

5. I (**brew**　**blew**) it.

E よく聞いて、空欄に単語を書き入れてください。

1. Don't throw the ☐ .

2. He's been ☐ them.

3. No one can take the ☐ .

4. ☐ it.

5. They gave us a pack of ☐ .

65

F これが分かれば合格 よく聞いて、空欄に単語を書き入れてください。

1. We should _____ .

2. Can't you see the red _____ ?

3. She _____ .

4. He finally got the _____ .

5. Did you say _____ or _____ ?

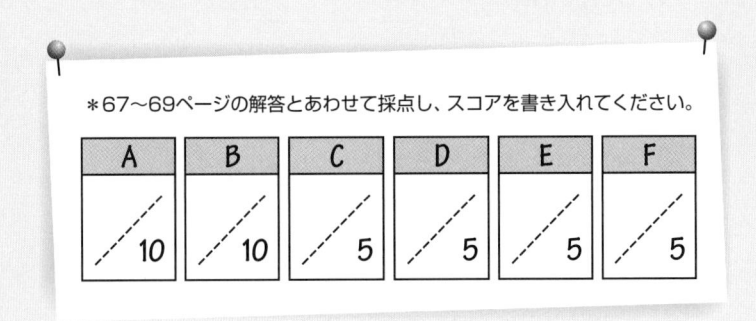

子音の強化トレーニング

聞き取り効果実感テスト4〈正解〉

聞き取り効果実感テスト 4 ▶▶▶ 正解

判定ガイド

28問正解で合格。それぞれの合格ラインに達しなかった人は、どこが弱点かを明確にして復習しよう。

A 合格ラインは **7/10**

1. (**light**　right)
2. (lip　**rip**)
3. (loyal　**royal**)
4. (**leach**　reach)
5. (late　**rate**)
6. (lead　**read**)
7. (**look**　rook)
8. (**load**　road)
9. (leaf　**reef**)
10. (**lighting**　writing)

> **Point**
> 2つの音を比較する問題ではないので、やや難しかったかもしれない。7問以上できた人は大いに自信を持っていい。

B 合格ラインは **7/10**

1. (belly　**berry**)
2. (clash　**crash**)
3. (**flame**　frame)
4. (**mirror**　miller)
5. (clue　**crew**)
6. (**flock**　frock)
7. (**bland**　brand)
8. (plays　**praise**)
9. (**bloom**　broom)
10. (clime　**crime**)

> **Point**
> lとrの聞き分けに手こずる人は、「rは丸っこい音」、「lは直線的な音」を意識して、lとrの強化トレーニングを繰り返すこと。コツをつかめばイッキに自信がついてくる。

C 合格ラインは 3/5

1. No more (flight (fright)).
2. The long (list (wrist)).
3. A piece of ((lime) rhyme).
4. They were ((pleasant) present).
5. This is the (flock (frock)) coat.

Point
　ここでは瞬発力的な聞き取りが必要。1.4.5.のように、語中のlとrを区別することは難しい。今できなくとも、lとrの特徴を押さえて、気長に練習を続けていると区別がついてくる。Never say die! あきらめてはいけない。

D 合格ラインは 4/5

1. This (lane (rain)) gets on my nerves.
2. That was a ((long) wrong) answer.
3. Would you like to go and see the (race (lace))?
4. How do you like the ((red) led)?
5. I (brew (blew)) it.

Point
　lとrを瞬時に聞き分けるコツをつかんだ人には簡単な問題。「まったくダメ」という人は、コツをつかむまで強化トレーニングをていねいに、真剣に復習してみよう。

子音の強化トレーニング

聞き取り効果実感テスト4〈正解〉

E 合格ラインは 3/5

1. Don't throw the [rock].
2. He's been [leading] them.
3. No one can take the [load].
4. [Wrap] it.
5. They gave us a pack of [lies].

Point
これは比較的やさしい問題。多少のスペルミスは気にしないこと。間違いは直せばいい。

F 合格ラインは 4/5

1. We should [pray].
2. Can't you see the red [flame]?
3. She [lied].
4. He finally got the [clue].
5. Did you say [rice] or [lice]?

Point
1.2.4.は「あれっ？」と思うかもしれない。他は正解すべし。

聞き取り効果実感テスト 5 〈子音のまとめ〉

CDは1回だけ聞いて解答します。

A よく聞いて、読まれた単語のスペルを書き入れてください。

1. ☐ t　☐ t

2. ten ☐　ten ☐

3. ☐ ice　☐ ice

4. ☐ est　☐ est

5. ☐ t　☐ t

B よく聞いて、読まれた単語を○で囲んでください。

1. That thing began (glowing　growing).

2. Did you say (east　yeast)?

3. Which (ear　year)?

4. She touched her (lip　hip).

5. He bought a (wig　fig).

子音の強化トレーニング

聞き取り効果実感テスト5

C よく聞いて、読まれた単語を○で囲んでください。

1. That's a pretty (**fork**   **pork**).

2. It's a (**marble**   **marvel**).

3. We had a terrible (**fright**   **flight**).

4. I'm not going to (**love**   **rob**) you.

5. That is a (**law**   **raw**) deal.

D よく聞いて、空欄に単語を書き入れてください。

1. That's a ☐ .

2. Now ☐ it.

3. It's nothing but a ☐ .

4. Let's get the ☐ .

5. I love his ☐ .

E よく聞いて、空欄に単語を書き入れてください。

1. We've got to clear the ☐ .

2. He is out of ☐ .

3. She ☐ it.

4. We need the ☐ .

5. Don't break that ☐ .

F これが分かれば合格　よく聞いて、空欄に単語を書き入れてください。

A : ☐ this book?

B : No. ☐ ?

C : It shows why ☐

☐ .

B : That's ☐ .

A : Indeed, this is ☐ . You'll love it.

*73～75ページの解答とあわせて採点し、スコアを書き入れてください。

A	B	C	D	E	F
/5	/5	/5	/5	/5	/5

聞き取り効果実感テスト 5 ▶▶▶ 正解

判定ガイド

23問正解で合格。それぞれの合格ラインに達しなかった人は、どこが弱点かを明確にして復習しよう。

A 合格ラインは 4/5

1. hea t　　fee t
2. ten se　　ten th
3. v ice　　d ice
4. b est　　v est
5. sea t　　shee t

Point

息のスピードが速い音と、破裂する音を区別できるようになると、英語の聞こえ方がずっとよくなり、楽しくなる。間違いが多い人は迷わず復習に励もう。努力の成果は大きいものがある。

B 合格ラインは 3/5

1. That thing began (glowing　growing).
2. Did you say (east　yeast)?
3. Which (ear　year)?
4. She touched her (lip　hip).
5. He bought a (wig　fig).

Point

2.と3.は難しい。普通の会話では、いずれも文脈から推理できる単語だが、y [j]の特徴はつかんでおこう。year [jíər] の [j] は鋭く「ィイ」と発音し、ear [íər] の [í] は「エ」に近づけて発音する。

C 合格ラインは 4/5

1. That's a pretty ((fork) pork).
2. It's a (marble (marvel)).
3. We had a terrible (fright (flight)).
4. I'm not going to (love (rob)) you.
5. That is a (law (raw)) deal.

Point

2.と5.はやや難しい。2.はよく聞くと、破裂させずに鈍い音で言っているのが分かるはず。語頭の l と r は、それぞれの特徴をつかめば、聞き分けるのは簡単になる。また、このような細かい聞き分け練習をたくさんしておくと、実際の場面で一瞬で判断できるようになる。

D 合格ラインは 4/5

1. That's a [lie] .
2. Now [hold] it.
3. It's nothing but a [sin] .
4. Let's get the [boat] .
5. I love his [mouth] .

Point

これは比較的やさしい。4.の boat の t は、強く破裂させずに舌を上に付けて終わらせているので、「ボゥッ（舌をくっつけて終わり）」のようになる。英語ではこのような音になる場合が多い。この感覚を身につけよう。難しいと感じた人は、細部に注意を払い、毎日トレーニングを繰り返そう。基本練習は徹底することが成果につながる。

子音の強化トレーニング

聞き取り効果実感テスト5〈正解〉

E 合格ラインは 4/5

1. We've got to clear the **path**.

2. He is out of **luck**.

3. She **shot** it.

4. We need the **cone**.

5. Don't break that **rack**.

F 合格ラインは 4/5

A: **Have you read** this book?

B: No. **What's it about**?

C: It shows why **men can only do one thing at a time,** **and why women never stop talking**.

B: That's **a catchy line**.

A: Indeed, this is **a page-turner**. You'll love it.

Point
　ここではスペルの間違いはあまり気にしなくてもいい。1回聞いただけで、しっかり分かるようにするには読解力も必要。日頃から、ナチュラルスピードで読むように習慣づけよう。

DAY 6

今日のメニューの前に、04/05で 30音口まねトレーニング！

プレ・チェック！ 母音の聞き取りチェック

Track 35

カタカナ汚染度が高い人には区別が難しい音を用意しました。母音の強化トレーニングに入る前に、あなたは母音をどのくらい区別できるか、チェックしてください。

A 次の組になった単語のうち、発音されているのはどちらの意味か、選んでください。

1. (狂った　泥)
2. (モップ　地図)
3. (掘った　犬)
4. (ローン　芝生)
5. (ボート　買った)

B 次の組になった単語のうち、発音されているのはどちらの意味か、選んでください。

1. (パーマ　手のひら)
2. (固い　聞いた)
3. (農場　会社)
4. (下へ　夜明け)
5. (速い　最初)

C よく聞いて、読まれた語句を○で囲んでください。

1. This is the latest (ROM　RAM) drive.
2. I like the (cup　cop).
3. The right word is not (com　comb) but (com　comb).

D よく聞いて、読まれた単語を書き込んでください。

1. _____ .
2. _____ .
3. Are you _____ ?

▶▶▶ 正解

A
1. 泥　　　mud　　（狂った mad）
2. モップ　　mop　　（地図 map）
3. 犬　　　dog　　（掘った dug）
4. ローン　　loan　　（芝生 lawn）
5. 買った　　bought　（ボート boat）

B
1. パーマ　　perm　　（手のひら palm）
2. 固い　　　hard　　（聞いた heard）
3. 農場　　　farm　　（会社 firm）
4. 夜明け　　dawn　　（下へ down）
5. 最初　　　first　　（速い fast）

C 1. RAM　2. cop　3. comb, com

D 1. Just call me　2. I got it　3. going to have to do that

　この問題は、「開く音」と「狭い音」を知っていると即座に分かりますが、知らないとカンに頼るしかない、というものばかりです。16問中、10問正解で合格としましょう。ここでの問題はそれほど難しいものではありません。コツを知っていれば、きちんと聞き分けることができるからです。カンに頼っていると、「あれ？　どっちかな？」、「何となく違うと思うけど、区別して発音できない」、「日常会話もTOEICのリスニング問題も、そして映画のセリフも見れば簡単な単語だ。分かるものばかり。それなのにどうして聞き取れないんだ！」という状態になります。そしてたいてい、「基本的な単語ほどリスニングは難しい」とか、「英語には［ア］が4種類もあるから聞き分けが難しいのだ」という、悲しい結論にたどり着きます。

　本書で「開く音」と「狭い音」を覚えると、こんな結論は正しくないことが分かります。また、カタカナで考えると、英語には「ア」が4種類、ということになりかねませんが、実は、「ア」に該当する音は mud [mʌ́d] などの [ʌ] だけなのです。これも「開く音」と「狭い音」を区別できるようになると分かります。

　次ページからの練習は、重要かつ効果的な英語上達ツールです。基本を身につけてこそ応用できるようになります。しっかり取り組んでください。

母音の強化トレーニング　開く音 [æ]

Track 36

[æ] aunt [ǽnt]
この音は a の文字で表す

30音トレーニング 24

★発音のポイント

「エ」で言い始め、「ア」と言いながら、アゴを一気に下げながら、[エ ～ア～ æ]と音が変化するように発音する。日本語のように発音すると [æ] のつもりで [ʌ] と発音している可能性大。口の形を鏡で確認しよう。happy，Thank you. の a を日本語の「ア」で発音すると、ネイティブには huppy，Sunk you. のように聞こえて通じにくい音になる。

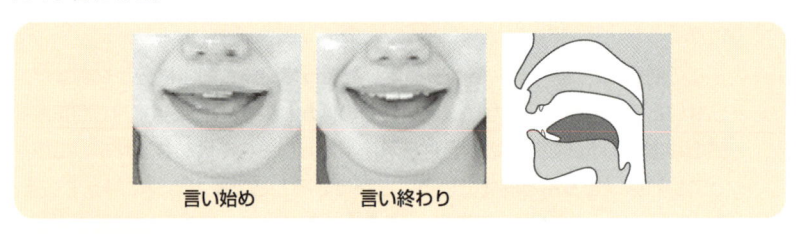

言い始め　　言い終わり

Practice　ターゲットは [æ]
♪でリピートしてください。
口の形を作ってから発音しましょう。

[æ] ♪ [æ] ♪ [æ] ♪ au-n-t ♪ aunt

1. ask [ǽsk]
2. back [bǽk]
3. candle [kǽndl]

Thank you for coming.
（来てくれてありがとう）

注意

[æ] の [e] の強さは人により異なります。「ア」よりもアゴを下げて [e] と発音する人もいます。ただし、[æ] は「エ」と「ア」の中間の音という古い解説は不正確。日本語の「エ」も「ア」も、アゴを下げない「狭い音」なので注意。

母音の強化トレーニング
開く音

母音の強化トレーニング 開く音 [ɑ]

Track 37

[ɑ] **box** [báks]
この音は o の文字で表す

30音トレーニング 25

★発音のポイント

「ア〜ɑ」と音が変化するように、アゴを下げながら発音する。body [bádi], hot [hát] などの [ɑ] を日本語の「ア」で発音すると、buddy, hut になってしまうので注意。

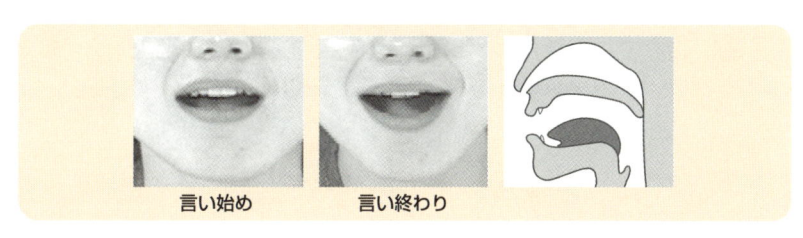

言い始め　言い終わり

Practice ターゲットは [ɑ]　♪でリピートしてください。口の形を作ってから発音しましょう。

[ɑ] ♪ [ɑ] ♪ [ɑ] ♪ b-o-x ♪ box

1. **o**dd [ád]
2. h**o**t [hát]
3. l**o**t [lát]

It's n**o**t h**o**t. (それ、熱くないですよ)

母音の強化トレーニング　開く音 [ɔː]

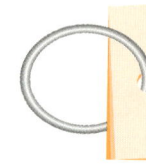

Track 38

[ɔː] long [lɔ́ːŋ]
この音は o の文字で表す
al, au, aw などで表すこともある

30音トレーニング 26

★発音のポイント

「オ〜ɔː」と音が変化するように、アゴを下げながら発音する。下げ方は [ɑ] と同じくらい。saw, call, walk は、いずれも間違いやすい単語で、カタカナ発音すると、so（だから）、coal（石炭）、work（働く）と、単語が変わってしまう。

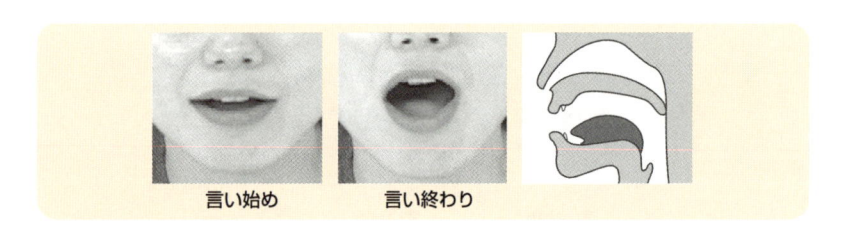

言い始め　　言い終わり

Practice ターゲットは [ɔː]　♪でリピートしてください。口の形を作ってから発音しましょう。

[ɔː] ♪ [ɔː] ♪ [ɔː] ♪ l-o-ng ♪ long

1. often [ɔ́ːfn]
2. belong [bɪlɔ́ːŋ]
3. caught [kɔ́ːt]

I'll call you later. （あとで電話します）

母音の強化トレーニング
開く音

母音の強化トレーニング 開く音 [au]

Track 39

[au] **house** [háus] 　30音トレーニング 27
この音は ou または ow で表す

★発音のポイント

日本語の「アウ」よりも頬を内側に絞り、口の中を縦長にする感じで発音する。house を「ハウス」と発音しても通じるが、count, account などは、[au] を正しく発音しないと通じにくい場合がある。[au] の鋭い響きを聞き取り、発音してみよう。

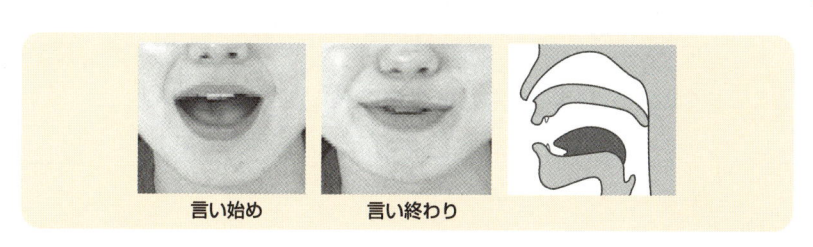

言い始め　　　言い終わり

Practice ターゲットは [au]　♪でリピートしてください。口の形を作ってから発音しましょう。

[au] ♪ [au] ♪ [au] ♪ h-ou-se ♪ house

1. about [əbáut]
2. count [káunt]
3. loud [láud]

I like the sound of that! (それはいいですね！)

聞き取り効果実感テスト 6 開く音 [æ, ɑ, ɔ, au]

CDは1回だけ聞いて解答します。

A よく聞いて、次の組になった単語のうち読まれたのはどちらか○で囲んでください。

1. (bag   bug)
2. (hat   hut)
3. (doll   dull)
4. (cop   cup)
5. (sack   sock)
6. (sang   sung)
7. (saw   sow)
8. (mask   musk)
9. (lawn   loan)
10. (hall   hole)

B よく聞いて、読まれた単語のスペルを書き入れてください。

1. ☐nk   ☐nk
2. p☐se   p☐se
3. fl☐   fl☐
4. w☐nder   w☐nder
5. fl☐sh   fl☐sh

母音の強化トレーニング
聞き取り効果実感テスト6

C よく聞いて、空欄に単語を書き入れてください。

1. The _____ in black went inside.

2. They're the teaching _____.

3. _____ after use.

4. The _____ is _____.

5. I was _____ up and down the room.

D これが分かれば合格　よく聞いて、空欄に単語を書き入れてください。

A : How come this _____ is _____?

B : 'Cause I left it in that _____.

C : No wonder it's _____.

*84〜85ページの解答とあわせて採点し、スコアを書き入れてください。

A	B	C	D
/10	/5	/5	/3

聞き取り効果実感テスト 6 ▶▶▶ 正解

判定ガイド

16問正解で合格。それぞれの合格ラインに達しなかった人は、どこが弱点かを明確にして復習しよう。

A 合格ラインは 7/10

1. (bag **bug**)
2. (**hat** hut)
3. (**doll** dull)
4. (cop **cup**)
5. (sack **sock**)
6. (**sang** sung)
7. (**saw** sow)
8. (mask **musk**)
9. (**lawn** loan)
10. (hall **hole**)

Point
「開く音」を覚えると簡単。しかし、カタカナ発音の人には難しい、という問題。目標は、アゴを下げながら発音している音かどうかを聞き取ること。
1.bug [ʌ] (bag [æ])　2.hat [æ] (hut [ʌ])　3.doll [ɑː] (dull [ʌ])　4.cup [ʌ] (cop [ɑ])
5.sock [ɑ] (sack [æ])　6.sang [æ] (sung [ʌ]) 7.saw [ɔː] (sow [ou]) 8.musk [ʌ] (mask [æ])
9.lawn [ɔː] (loan [ou]) 10.hole [ou] (hall [ɔː])

B 合格ラインは 3/5

1. s**u**nk   **tha**nk
2. p**au**se   p**o**se
3. fl**ow**   fl**aw**
4. w**o**nder w**a**nder
5. fl**a**sh   fl**u**sh

Point
aは「開く音」、uは「狭い音」、というように、音と文字の関係をつかむと覚えやすくなる。間違いが多い人はその点に注目して復習しよう。wonder [wʌ́ndər], wander [wɑ́ndər]

母音の強化トレーニング
聞き取り効果実感テスト6〈正解〉

C 合格ラインは 4/5

1. The [man] in black went inside.
2. They're the teaching [staff].
3. [Flush] after use.
4. The [pot] is [hot].
5. I was [wandering] up and down the room.

Point
文脈で判断できてしまう問題だが、音をキャッチしないと、意味が変わってきてしまう。しっかり音で判断できたかを正解の判断にしてほしい。

D 合格ラインは 2/3

A: How come this [hat] is [hot]?
B: 'Cause I left it in that [hut].
C: No wonder it's [hot].

Point
似た単語のオンパレードだが、「開く音」と「狭い音」の区別ができていれば、難しくはない。ネイティブはきちんと認識し、使い分けている。a と o が表す音は決まっているので、しっかり身につけておこう。

DAY 7

今日のメニューの前に、🎧 04/05で 😀 30音口まねトレーニング！

🎧 Track 41 **母音の強化トレーニング** 狭い音 [ʌ]

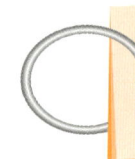

[ʌ] **cut** [kʌ́t]
この音は **u** または **o**、**ou** の文字で表す

30音トレーニング **28**

★発音のポイント

口をほんの少し開けて、ノドに響かせて発音する。アゴはあまり下げない。**ノドに響かせるコツ**は、口から大きく息を吸い込んだときに、ひんやりする部分が響くように発音すること。次の「開く音」、「狭い音」を区別できれば合格。some - Sam, bus - bath, cold - called

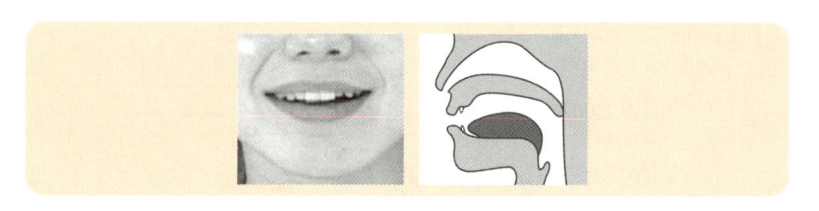

Practice ターゲットは [ʌ] ♪でリピートしてください。口の形を作ってから発音しましょう。

[ʌ] ♪ [ʌ] ♪ [ʌ] ♪ c-u-t ♪ cut

1. up [ʌ́p]
2. fun [fʌ́n]
3. must [mʌ́st]

I had a lot of fun.（とても楽しかったわ）

母音の強化トレーニング
狭い音

母音の強化トレーニング 狭い音 [ə]

[ə] **of** [əv]
あいまい母音

30音トレーニング 29

★発音のポイント

唇はほとんど動かさないで、ノドの奥から軽く発音する。文の中では、聞こえないくらいに弱く発音しよう。くれぐれも、of [əv] を「オブ」とカタカナ発音しないように。弱い母音をあいまいに発音する感覚は、英語上達の重要なポイント。とても弱く、しかも速く発音する練習が大切。

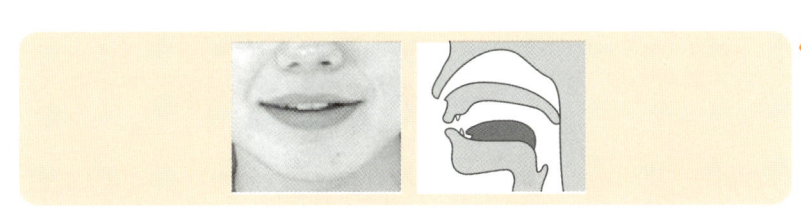

Practice ターゲットは [ə]
♪でリピートしてください。
口の形を作ってから発音しましょう。

[ə] ♪ [ə] ♪ [ə] ♪ o-f ♪ of

1. acc**i**d**e**nt [ǽksɪdənt]
2. c**o**mplain [kəmpléin]
3. directi**o**n [dɪrékʃən]

That must be an accident. (事故に違いない)

母音の強化トレーニング　狭い音 [ɪ]

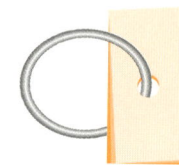

Track 43

[ɪ] **sit** [sít]
この音は i 文字で表す

30音トレーニング 30

★発音のポイント

日本語の「イ」よりも歯と歯を少し離して、「エ」に近づけて発音する。[ɪ] と [iː] は全く別の音で、口の形も異なることに注意。[iː] の伸ばす音は、口を少し横に引いて発音し、日本語の「イー」でも代用できる。しかし、[ɪ] を日本語の「イ」で発音すると、ネイティブには [iː] に聞こえる。(bit が beat のように聞こえる)

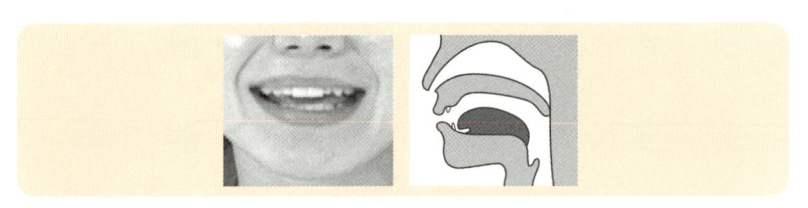

Practice　ターゲットは [ɪ]
♪でリピートしてください。
口の形を作ってから発音しましょう。

[ɪ] ♪ [ɪ] ♪ [ɪ] ♪ s-i-t ♪ sit

1. **it** [ít]
2. **lift** [líft]
3. **give** [gív]

This is for you. (これ、あなたに)

母音の強化トレーニング

狭い音

豆知識

「あいまい」な感覚をパターンで身につけよう！

弱い母音は省略するか、あいまいに発音する。それが英語の音声感覚の基本です。単語のアクセントと弱い音にはパターンがあります。母音が弱くなる感覚を声に出して、カラダで覚えましょう。応用できるのでとても役に立ちます。

● lemon タイプ（2音節の単語）

アクセントは語頭。その後ろの母音は発音しない。後ろの母音を発音する場合は、スペルに関係なく、あいまいに発音する。

lemon [lém(ə)n]　　Britain [brítn]　　channel [tʃǽnl]
family [fǽm(ə)li]　　melon [mélən]　　tunnel [tʌ́nl]

● animal タイプ（2音節以上の単語）

アクセントは語頭。真ん中の母音はあいまいか、発音しない。真ん中の母音をカタカナ読みするととても通じにくくなる。

animal [ǽnəml]　　　celebrate [séləbrèit]　　continent [kάnṭənənt]
sentiment [sénṭəmənt]　universe [júːnəvə́ːrs]

＊iをあいまい母音で発音する場合には、[ı]に近い音で発音する人もいる。

● attention タイプ（3音節以上の単語）

アクセントは真ん中。前の母音はあいまいに発音する。後ろはあいまいか、発音しない。カタカナ読みしやすいので要注意。

convenient [kənvíːnjənt]　pollution [pəlúːʃən]
important [impɔ́ːrtnt]　　participant [pɑːrtísəpənt]
technology [teknάlədʒi]

＊発音記号の表記は辞書により異なります。

Track 44

母音の強化トレーニング 母音とrの組み合わせ音 [ɑːr]

[ɑːr] **far** [fɑ́ːr]
この音は ar 文字で表す

おまけ ①

★発音のポイント

[ɑ] は「ア」よりも指1本分ほどアゴを下げて、ノドの奥に響かせて発音する。[r] は突き出す形で、口から鼻に響かせる。[r] は舌を丸めても発音できる。

Practice ターゲットは [ɑːr] ♪でリピートしてください。口の形を作ってから発音しましょう。

[ɑːr] ♪ [ɑːr] ♪ f-ar ♪ far

1. arm [ɑ́ːrm]
2. farm [fɑ́ːrm]
3. car [kɑ́ːr]

Is it hard? (それは難しいの？)

母音の強化トレーニング
母音とrの組み合わせ音

Track 45

母音の強化トレーニング　母音とrの組み合わせ音[ɔːr]

[ɔːr] **order** [ɔ́ːrdər]　おまけ 2

この音は **or** で表す

★発音のポイント

　[ɔ] は、アゴを「オ」よりも指1本分下げて、ノドの奥に響かせて発音する。アゴを下げても、唇はあまり下げない。[r] は唇を突き出しながら、口から鼻に響かせる。order [ɔ́ːrdər] は、「オーダー」のように、のばして発音しないこと。

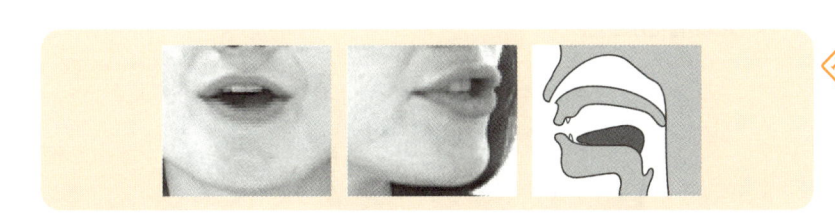

Practice ターゲットは [ɔːr]　♪でリピートしてください。口の形を作ってから発音しましょう。

[ɔːr] ♪ [ɔːr] ♪ or-der ♪ order

1. **or** [ɔ́ːr]
2. h**orse** [hɔ́ːrs]
3. p**our** [pɔ́ːr]

The vending machine's out of **order**.
（その自動販売機は故障しています）

母音の強化トレーニング　母音とrの組み合わせ音 [əːr]

Track 46

[əːr] bird [bə́ːrd]
この音は、母音+ r (ar, er, ir, or, ur) で表す

おまけ 3

★発音のポイント

[əːr] は「ウ」のような形でノドの奥に響かせて発音し、r は唇を突き出しながら、口から鼻に響かせる。[əːr] は、日本人には非常に難しい発音とされているが、写真のように、「ウ」のような形で発音すると正しく発音できる。あいまい母音を発音してから、r で少し唇を突き出して音を変えればOK。bird を日本語的に「バード」と発音すると、普通のネイティブには通じない。「バー」は、〈狭い音〉と〈開く音〉の中間くらいの音だからだ。

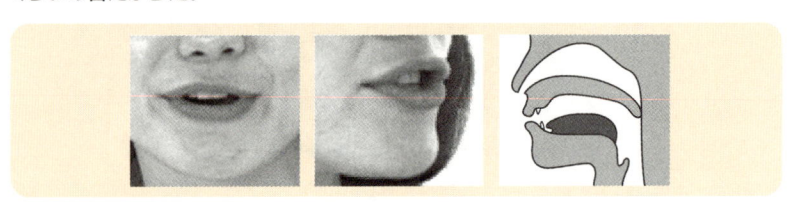

Practice　ターゲットは [əːr]

♪でリピートしてください。
口の形を作ってから発音しましょう。

[əːr] ♪ [əːr] ♪ b-ir-d ♪ bird

1. ea**r**ly [ə́ːrli]
2. th**ir**d [θə́ːrd]
3. s**ir** [sə́ːr]

You're ear**ly today!**
（今日は早いね）

> **注意**
> [əːr] は [ɚ] と表記する場合もあります。いずれも、あいまい母音を発音した後に、一瞬rを発音する、という意味の記号です。[ɚ] には hooked schwa という呼び名がついています。

母音の強化トレーニング
母音とrの組み合わせ音

体験談 発音トレーニングを受けて再認識したことはイントネーションの重要性

◆鈴木早苗さん

　英語をやり直し始めてしばらくたったころ、出会ったUDA式30音。「英語の音を正しい音で理解していないと脳は雑音として排除する」という言葉には目からうろこが落ちる思いでした。私の場合、英語は、読み書き中心で、英会話においてはまったくの初心者でした。それなら今のうちに正しい発音を身につけて、無駄なまわり道をせずに上達したいと、発音に取り組むことにしました。

　最初は"hut"と"hot"の違いがどうしても聞き分けられず、大きなフラストレーションを感じていました。「30音トレーニング」のDVDで独習を始めてもなかなか違いが分からなかったのですが、あきらめずに発音を練習していくうちにだんだん聞き取れるようになっていました。

　また、実際に発音トレーニングを受けて再認識したことはイントネーションの重要性です。DVDのおかげで個々の発音には気を配るようになっていたものの、私はどの単語もほぼ同じ強さ・速さで発音していましたし、イントネーションは固く直線的。そのため平坦なカタカナ英語に聞こえていると指摘されました。トレーニング後は、文全体の波打つようになめらかなイントネーションを意識するようになりました。

　発音トレーニング後TOEICを受験したところ、リスニングセクションで495点満点中450点取れました。リスニングが苦手だった自分にしてはよくやったと思える結果でした。また、NHKラジオのリスニング入門も、会話のテンポがよりゆっくりと感じられることに驚きました。実際には遅くなっているのではなく、自分の耳が英語を聞き取れるようになってきたようです。

重要ポイントQ&A ········ 「アゴの下げ方」

Q 「開く音」は、アゴをどれくらい下げればいいのですか？

A これは、こちらの思いもよらず、よく聞かれる質問で驚きましたが、ふだん、アゴを気にして話す、なんて日本語にはないことですから分かりにくいかもしれません。「開く音 o 」の場合は、「オー」と言いながらアゴを下げ、声が「アー」に変わるところまで下げます。変われば、そこでOK。つまり、下げ方はだいたいでいいのです。

　「ア」または「オ」よりも指１本分くらい下がっていれば十分です。ここで「ア」と「オ」は何ミリ違うか、とか考えてはいけません。また、あくびをするときほどは下げません。

　たとえば got [gát] は「ガ〜アット」の感じで、アゴを下げながら、「〜」と微妙に変化するように発音します。言い換えると、変化していく「〜」の部分が相手に伝わるように発音すればいいのです。「開く音 a [æ] 」も要領は同じです。「エ」の感じで声を出し始めて、アゴを下げながら、「エ〜ア〜æ」と発音します。いずれも、最初は声を出さないで、アゴの動きだけを練習するといいでしょう。

母音の強化トレーニング

重要ポイントQ&A

Q「開く音」の説明で、「アゴを下げるが、下唇は下げない」というのがわかりません。アゴを下げれば唇も下がるはずではないですか？

A 唇をまったく下げない、という意味ではなく、「あまり下げない」という意味です。次の写真を比べてください。

【写真①】　　【写真②】

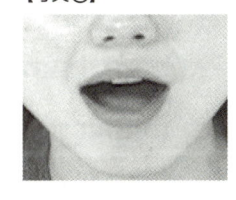

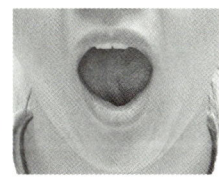

【写真①】「開く音o」のお手本
　アゴは下がっているが、下唇は下がっていない。正面から見ると、アゴは下がっていないように見えるが、「ア」よりも指1本分くらい下がっている。

【写真②】悪い例
　アゴも下唇も下がっている。やや下げすぎ。

次の方法を試してください。
① 唇を合わせたまま、あくびをするときのようにアゴを下げる。
② アゴが下がったら唇をほんの少し下げる。写真のように、口の中に水をためる感じになればOKです。アゴを下げるというのは、出す音の響きにも関係する重要なポイントになります。

聞き取り効果実感テスト 7　母音とrの組み合わせ音

CDは1回だけ聞いて解答します。

A よく聞いて、次の組になった単語のうち読まれたのはどちらか○で囲んでください。

1. (hard　heard)
2. (spar　spur)
3. (guard　gird)
4. (star　stir)
5. (carve　curve)
6. (lark　lurk)
7. (barn　burn)
8. (far　fur)
9. (thought　sort)
10. (warship　worship)

B よく聞いて、読まれた単語のスペルを書き入れてください。

1. f ☐ m　f ☐ m
2. c ☐ l　c ☐ l
3. p ☐ r　p ☐ r
4. c ☐ t　c ☐ t
5. b ☐ t　b ☐ t

母音の強化トレーニング

聞き取り効果実感テスト7

C よく聞いて、空欄に単語を書き入れてください。

1. Please visit our _____.

2. I bought hard _____.

3. I'm feeling a little below _____ today.

4. Where do you _____?

5. I _____ myself to face the exam.

D これが分かれば合格　よく聞いて、空欄に単語を書き入れてください。

A : I've dropped an earring. Will you find it _____?

B : _____ thing tomorrow.

C : _____. Give me a hand, please?

C : Sure.

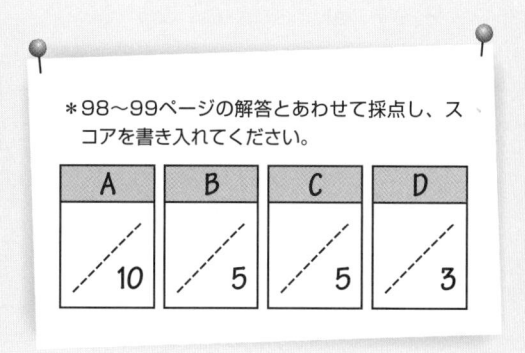

*98〜99ページの解答とあわせて採点し、スコアを書き入れてください。

A	B	C	D
/10	/5	/5	/3

聞き取り効果実感テスト 7 ▶▶▶ 正解

判定ガイド

16問正解で合格。それぞれの合格ラインに達しなかった人は、どこが弱点かを明確にして復習しよう。

A 合格ラインは 7/10

1. (**hard** heard)
2. (spar **spur**)
3. (**guard** gird)
4. (star **stir**)
5. (carve **curve**)
6. (**lark** lurk)
7. (barn **burn**)
8. (far **fur**)
9. (**thought** sort)
10. (**warship** worship)

Point

[ɑːr]と[əːr]の音の区別。この問題は、部分的に難しい。特に男性の声は「開く音」と「狭い音」の区別がつけにくい場合があるので、間違った問題は口の形を意識して、徹底的に聞き込んでみよう。

B 合格ラインは 4/5

1. f [ir] m   f [ar] m
2. c [al] l   c [oa] l
3. p [e] r   p [a] r
4. c [oa] t   c [augh] t
5. b [ough] t b [oa] t

Point

この問題は簡単なはず。間違うと、意味がどう違ってくるかを考えて練習してみよう。音を聞いて口の形がイメージできれば合格。

母音の強化トレーニング

聞き取り効果実感テスト7〈正解〉

C 合格ラインは 3/5

1. Please visit our [firm] .
2. I bought hard [coal] .
3. I'm feeling a little below [par] today.
4. Where do you [worship] ?
5. I [girded] myself to face the exam.

Point
音は分かるがつづりが分からなくて書き込めなかった人は、これを機会に音とつづりを覚えよう。

D 合格ラインは 2/3

A: I've dropped an earring. Will you find it [fast] ?

B: [First] thing tomorrow.

A: [Cut it out] . Give me a hand, please?

B: Sure.

Point
初めの2つが正解できればOK。最後はtがくせ者。こういう音は、12日目の150ページからの「くだけた発音」を覚えると分かるようになる。

まとめ 練習1

- これは「母音がわかれば英単語が聞き取れる」ことを実感するための練習です。文字と音、そして口の形が一致すれば合格！
- CDを1回だけ聞いて答えてください。CDは必要に応じて一時停止させてください。

A よく聞いて、下線部に読まれた単語のスペルを書き入れ、発音するときの口の形を選んでください。

1. (　　) b＿＿x　　2. (　　) b＿＿cks　　3. (　　) b＿＿gs
4. (　　) h＿＿t　　5. (　　) g＿＿d

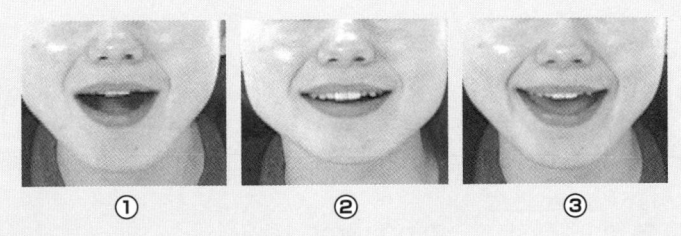

① ② ③

B よく聞いて、下線部に読まれた単語のスペルを書き入れ、発音するときの口の形を選んでください。

1. (　　) d＿＿t　　2. (　　) d＿＿t
3. (　　) f＿＿m　　4. (　　) f＿＿m

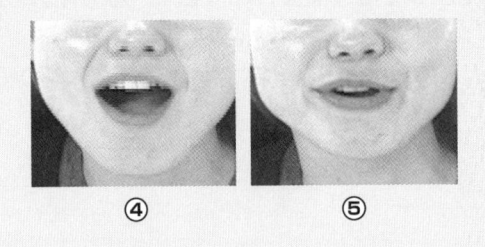

④ ⑤

母音の強化トレーニング

まとめ 練習1

C よく聞いて、空所で読まれた単語を書き入れ、発音するときの口の形を選んでください。

A : Look. I (1.) these (2.).

B : You did? Where?

A : It's (3.) from here.

1. (　　) (　　　　)
2. (　　) (　　　　)
3. (　　) (　　　　)

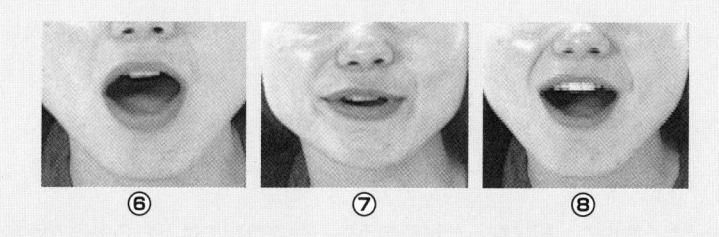

⑥　　　⑦　　　⑧

▶▶▶ 正解

A 1. ① box [ɑ]　　2. ② bucks [ʌ]　　3. ③ bags [æ]
　　4. ③ hat [æ]　　5. ① god [ɑ]

B 1. ④ dart [ɑːr]　2. ⑤ dirt [əːr]　3. ⑤ firm [əːr]
　　4. ④ farm [ɑːr]

C 1. ⑥ caught [ɔː]　2. ⑦ birds [əːr]　3. ⑧ far [ɑːr]

まとめ 練習2

A よく聞いて、読まれた単語のスペルを書き入れてください。

1. b___g   p___t   h___t
2. t___n   p___n   b___nd
3. b___n   h___t   b___d

B よく聞いて、読まれた単語のスペルを書き入れてください。

1. m___st   m___st   s___t   t___t
2. f___n   f___n   b___n   b___n
3. f___t   f___t   C___l   c___l
4. l___st   l___st   f___st   f___st
5. p___n   p___n   b___d   b___d

C よく聞いて、組になった単語のうち、読まれたのはどちらか○で囲んでください。

1. (doll   dull)   (add   odd)
2. (cop   cap)   (John   Joan)
3. (hunger   hanger)   (hole   hall)
4. (knack   knock)   (pause   pose)
5. (ball   bowl)   (fun   fan)

母音の強化トレーニング

まとめ 練習2

D よく聞いて、空欄に単語を書き入れてください。

1. ☐
2. ☐
3. ☐
4. ☐
5. ☐

E よく聞いて、読まれた単語を○で囲んでください。

1. Is it you that put the (**bag   bug**) on my desk?
2. Would you pass me the (**ball   bowl**)?
3. Can't you see the (**man   men**) at work?
4. (**John   Joan**) called you a minute ago.
5. The (**hall   hole**) is really huge.

F よく聞いて、読まれた単語を書き込んでください。

1. Can you get rid of the _____?

2. I've never been to the _____.

3. She unwillingly _____ to look back.

4. Where do you _____?

5. I like the fancy _____.

G これが分かれば合格　よく聞いて、読まれた語句を答えてください。

1. He _____.

2. She's _____.

3. Can _____?

4. We _____.

5. Ambition _____.

明日は曲が変わるかも

*105〜106ページの解答とあわせて採点し、スコアを書き入れてください。

A	B	C	D	E	F	G
/3	/5	/5	/5	/5	/5	/5

まとめ 練習2 ▶▶▶ 正 解

判定ガイド
16問正解で合格。正解が15問以下の人は、どこが弱点かを明確にして復習しよう。

A 合格ラインは 3/3
1. bag　　pot　　hat
2. ton　　pun　　bond
3. ban　　hut　　bud

Point
最初の問題で頭が混乱した、なんて人はいませんか。もし、そうだとしたら、口の形と音、それを表す文字に注目して復習しよう。コツをつかめば全問正解は簡単。

B 合格ラインは 3/5
1. must　mast　sort　thought
2. fin　fun　burn　barn
3. fought　fort　Carl　curl
4. last　lust　first　fast
5. pen　pin　bud　bad

Point
これは基本的な「開く音」「狭い音」の聞き分け問題とはいえ、3問以上正解できた人は自信を持っていい。

C 合格ラインは 3/5
1. dull　odd　　　2. cop　Joan　　　3. hanger　hole
4. knack　pause　　5. ball　fun

Point
単語の発音を知っていれば、簡単な問題。知らない単語でも、「開く音」が分かるとスペルの見当がつく、ということが分かれば合格。

D 合格ラインは 3/5

1. ought　2. cab　3. add　4. follow　5. further

Point

1.と5.はやや難しい。間違えた問題のスペルと音を今、ここで覚えよう。

E 合格ラインは 3/5

1. bag　2. bowl　3. men　4. John　5. hole

Point

目標は「開く音」の、アゴを下げながら発音しているかどうかを感じるとこと。3.に man, men は区別しにくい時があるが、e は a ほど音が変化しないことを聞き取りたい。5.の hole は「狭い音」、hall は「開く音」。

F 合格ラインは 4/5

1. dart　2. firm　3. paused　4. worship　5. jug

Point

単語になじみがない場合は難しく感じるかもしれない。なにはさておき、聞き分けの基準は、アゴを下げて、発音しているかどうかである。

G 合格ラインは 3/5

1. writes in a bold style
2. in a brand-new coat
3. I borrow your laptop
4. saw that man near the entrance a couple of times
5. spurs you on

Point

この問題は、内容や文法から正解できるが、ここでは音そのものを聞き取ってほしい。聞き取れたがスペルを間違えたという人は、スペルを紙に書いて覚えよう。a, the, was, on などは、カタカナで覚えていると聞き取れないことがよくある。

体験談 「カタカナ英語」と実際の英語の違いを実感できるようになった

◆阿部洋祐さん

　海外勤務に応募するために、英語のコミュニケーション能力を高めたかった。英字新聞は読めるが、会話になると、基本的な日常会話も怪しいという状況で、リスニング・スピーキング能力ともに改善の余地が大きく、発音の矯正はとりわけ私の弱点克服に有効だろうと思ったのです。

　やってみると、「カタカナ英語」と実際の英語の違いを実感できるようになり、とりわけリスニング力が高まりました。例えば、SCHOOLの発音はカタカナ英語的な「スクール」ではないと理解することで、ネイティブの発音がかなりクリアに感じられる体験ができました。面白いもので、「カタカナ英語」と実際のネイティブの発音は別物だとの認識できると、カタカナ発音が妙に気になるようになりました。テレビで「キル・ビル２（KILL　BILL２）近日公開」というCMが流れていたが、当然のことながら映画の出演者は誰も「キル・ビル」などとは言っていなかったのです。

　イントネーションの重要性についても理解が深まりました。英語では強調する場合のほかは一語ごとに区切って読むことはほとんどなく、各単語の前後がつながってハイスピードで発音されることが多い。このことに気をつけながらスピーキングの練習をすると、不思議なことに今まで意味を成しては聞こえなかったネイティブの発音が聞こえるようになるという経験をしました。

　今は、「30音DVD」で苦手な箇所を繰り返してトレーニングしつつ、洋画のDVDを字幕を消して見て、会話を書き取っています。ただ、実際に会話をする機会がほとんどなく、一人で練習してもという気持ちになりがちだという問題点がどうしても残ってしまう。英会話環境の整備が現在の課題です。

体験談 クリアな英語が聞こえるようになった

◆佐藤晴江さん

　大学はフランス語専攻、卒業後の英語学習はNHK語学講座一本やり。海外滞在経験ゼロの純ジャパの私です。

　仕事上で上級英語が必要になり、通訳学校に入学しました。ここで辛かったのがネイティブの生スピーチの逐次通訳でした。テーマが軍事・外交と硬派なうえ、ネイティブ特有の粘っこいしゃべり方には泣かされました。あとでトランスクリプトを読むと知っている言葉ばかりなのに、なぜ聞き取れないのか？　考えてゆくうちに、自分が発している英語とネイティブの英語にはギャップがあるのではないか？と思い至り、即効性の高い方法を探していたときに出会ったのが30音でした。

　30音については、指示どおりに練習を繰り返しました。効果を実感する瞬間はある時突然やってきました。通訳学校のいつものネイティブの先生の発音がまったく違って聞こえ出したのです。特にone がワンではなく、ウォンヌと明瞭に聞こえたときには、耳を覆っていた見えない蓋が取れたかのような、クリアでメリハリのある音に聞こえたのです。日本語は口先だけで発音できる、やさしい話し方の言葉です。英語はお腹から息を出しながら、ノドの奥や鼻や歯や舌を総動員して、なおかつ口の周りの筋肉をよく動かさないと発音できません。これまでは日本語のしゃべり方で英語を発音していたんだ、と気づかされたことが一番の収穫です。30音が他の教材と違うのは、説明の分かりやすさです。例えば、アゴを下げる、とか、口の中のドーム状の感覚、鼻に響かせる、といった説明は、最初は？と思うものの、実際に「30音トレーニング」のDVDでネイティブの口の開け方と発音を聞くと、ストンと理解できました。発音は筋トレと一緒で、毎日少しずつでもやったほうが効果が上がるので、いまでも続けています。

パート11
英語の耳にぐぐっと近づく5日間

DAY 8

今日のメニューの前に、🎧 04/05で 👄 30音口まねトレーニング！

もやもやをスッキリ **UDA式発音クリニック**

　30音の練習は一とおり終わったけど、まだうまく発音できないという人、一生懸命に口の形を覚えたけれど、英語らしい発音にならないという人、長く染み付いた自分の日本語発音、カタカナ発音は、ネイティブとどこが違うのだろう、そんな悩みを抱えた人はいませんか。

　ここで紹介する2つのトレーニングで、そんな悩みを一挙に解決しましょう。英語は口の形がまずポイントであることが分かったところで、もう1つ、「声の出し方（響かせ方）」が違うことに注意しましょう。

　英語らしい響きの元は「共鳴音」と「子音と母音のバランス」です。それらのコツをつかむと、あなたの発音はずっと英語らしくなります。

定着トレーニング

UDA式発音クリニック

「声の出し方（響かせ方）」トレーニング

日本語は、声をまっすぐ口の外に出すように発音するので、響きは英語よりも「細い」印象となります。

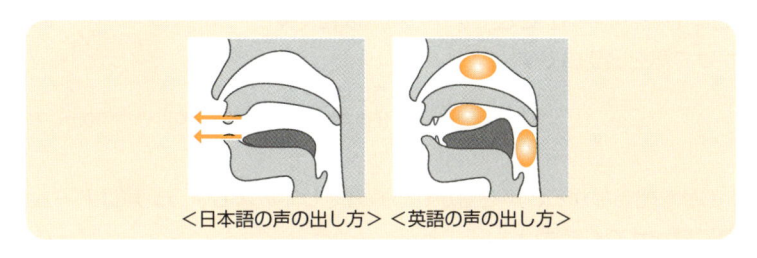

<日本語の声の出し方> <英語の声の出し方>

それに対して英語は、声をノドから**ドーム状の空間に響かせて**、軽く鼻にも響かせます。**ハミングと声を一緒に出す感じ**です。だから共鳴音が強く、深い響きが生まれるのです。

英語らしく発音する コツ！ その1 〈 声をノドに響かせる 〉

英語らしい深い響きはノドから生まれます。その、声をノドに響かせるコツは、力を抜くこと。あくびをした直後のように力を抜いて、ノドの奥から声を出すとよく響くようになります。

試してみましょう。
① うがいをするように上を向きましょう。「ア」より指1本くらいアゴを下げて、軽く、「ア〜」と声を出します。
② 次に、もっとノドに響くように、やや強く、「ア〜」と声を出します。大声を出さないで、小さい声で響きを感じればOKです。
③ そして、口はそのままで顔を戻し、ノドの奥から「ア〜」と声を出すと、いい響きになるでしょう。このときに、眉を少し上げると明るい声になります。英語を話すときには、ノドを楽にして、よく響くように声を出してください。

英語らしく発音する コツ! その2〈 声を鼻にも響かせる 〉

ノドに響かせて声を出すときに、鼻に響かせるとネイティブと同じような響きになります。日本語では「あり得ない」ことですが、英語は軽く鼻にかけて声を出すのです。

ここがドーム状の空間

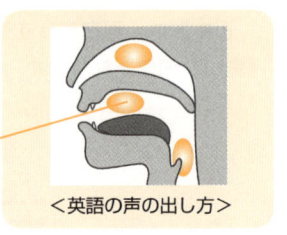

＜英語の声の出し方＞

　CDを聞きながら、声を響かせる練習をしてみましょう。声はドーム状の空間に響かせてください。

ハミングする
（1）ハミングで [n:] を発音する。
（2）ハミングと声を同時に出して [l:] を発音する。
　　➡ドーム状と舌先に響きを感じるように、声をコントロールする。もちろん、ノドにも響かせる。
（3）ハミングと声を同時に出して I, loo, look を発音する。
　　➡ [l:] と同じ位置で loo を響かせること。

単語を発音する

Track 50

軽く鼻にかけて、次の単語とアルファベットを発音してください。
（1）look　　like　　lake
（2）B　　　C　　　F
（3）hi　　　nice　　life

【注意】
ドーム状に響くように声を出すと、自然に鼻にも響きます。練習としては、ハミングをしてから、声も同時に出すようにすると感じがつかめます。鼻音は強すぎないように、自分で好みの強さに調整してください。

ささやきトレーニング

　これは、「強く言う子音」と「軽くささやく母音」のバランスを整える練習です。
　より英語らしく発音するためには「子音と母音のバランス」も重要です。
　日本語を話す調子で発音すると、英語としては子音が弱く、不自然な響きになります。流ちょうに英語を話す人でも、なんとなく日本人と分かるのは子音が弱いためです。また、そのような発音は、英語圏のネイティブには聞き取りにくいもの。彼らにとって、**子音は強いもの**だからです。

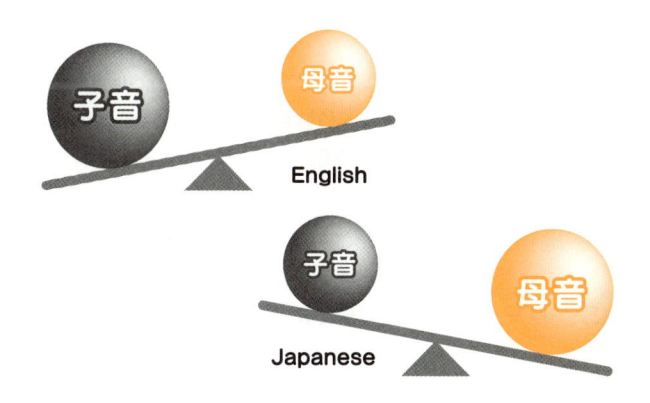

English

Japanese

　子音を強くするにはどうしたらいいのか。この問題は、発音記号や音声学をいくら調べても答えは出てきません。これまでの教科書には「響きの要素」が大きく欠落しているからです。いささか仰々しくなりましたが、改善策はいたって簡単。
　子音をうーんと強調し、母音をささやくように弱く発音する、それだけです。これを「ささやきトレーニング」と呼んでいます。

🎧 Track 51

CDで、「ささやきトレーニング」前と後の音声を聞いてみましょう。

● **トレーニング前の音声** before

発音は正しいですが、母音が強すぎます。

● **トレーニング後の音声** after

英語らしい響きになり、ネイティブにわかりやすい発音になっています。

🎧 Track 52

CDを聞きながら、英語らしい「子音と母音のバランス」で声を出す練習をしてみましょう。

まず、CDを聞いて、下線部の子音は目いっぱい強調し、母音はそっと、ささやくように発音していることを確認してください。そして、次の順序で、自分でも発音してみましょう。

例文1

Excuse me, but this house has been empty.

定着トレーニング
UDA式発音クリニック

1 例文の単語を区切って「ささやく」ように発音します

下線部の子音を特に強調します。極端なくらいでちょうどいいのです。

Ex, Ex	← [k, s] を強調
Excuse	← 子音を強調。＊ [k, z] は弱くなりがちなので、要注意
Excuse me	← 母音はささやくように
but	← b, t は軽く
this, house	← s を強調
this house, but this house	← 語尾を強調
has	← [z] を強調
been, has been	←「ベン」のように＊ been は「ビーン」ではなく、あいまいに「ベン」と発音する
has been	← [n] を鼻に響かせる
empty	← 息を破裂！
has been empty	← フレーズをつなげて言いましょう。

2 例文をつなげてリピートしましょう

下線部の子音を強く発音しながら、全体を発音します。初めは区切って、次に全文を通して言いましょう。

E<u>x</u>c<u>u</u>se me, / but thi<u>s</u> hou<u>s</u>e / ha<u>s</u> bee<u>n</u> e<u>m</u>pty.

このように、子音と母音のバランスを整えると、通じやすくなるばかりか、英語の聞こえ方が変わってきます。

3 自分の発音を録音します

4 チェックしましょう

次のチェック項目を参考にして、あなたの発音を自分でチェックしてみましょう。

─ Check Point ─

- ☐ イントネーションは合っている？
- ☐ 母音は内緒話をするくらいに弱く発音している？
- ☐ s, k, z などの息の音を強く出している？
- ☐ this house をやや強く発音している？
- ☐ been [bɪn] をあいまいに「ベン」と発音している？

定着トレーニング

UDA式発音クリニック

5 文を変えて練習しましょう

次の例文の太字の子音を強く、母音をささやくように弱く発音してください。口はできるだけ基本形にしておきます。

長い文は強弱のイントネーションを覚えてから声に出すと言いやすくなります。難しい場合には区切って練習してください。

Track 53

1. Thi**s** i**s** it.
2. I'm **s**ure.
3. **K**eep **cl**ean.
4. **Pl**ease help your**s**el**f**.
5. A **l**ittle e**x**er**c**i**s**e will help you / **t**o wor**k** o**ff** the **st**i**ff**ne**ss** / in your **sh**oul**d**ers.

― Check Point ―

- [ ] 語尾の [s], [z], [f] を強く発音している？
- [ ] exercise の x, c, s を強く発音している？

DAY 9

今日のメニューの前に、🎧 04/05で 😀 30音口まねトレーニング！

こんなの初めて！ **イントネーショントレーニング**

> ここでは筆者が長年、個別指導で行ってきた30音徹底トレーニング法を、紙上で再現します。
> 　使うのはシンプルな英文、1つだけ。学習者に、聞いてリピートしてもらうと、その人の英語の聞き方が分かります。初級者からTOEIC満点の方まで、レベルを問わず、課題文として何年も使っているものです。最大の効果を得るために、トレーニング方法を忠実に守って、実行してください。たった1つの文でも、徹底的に練習すると、「こんなに聞き取れる！」という実感が得られるでしょう。

1 まず、注意！

・無用な予備知識は練習の妨げになります。1つのステップが終わるまでは、次に進まないでください。

・CDは本書に合わせて、必ず一時停止すること。軽く聞き流しても効果はありません。

2 準　備！

1. 課題文を聞き取り、書くためのノートと鉛筆を用意します。
   （本書の書き込み欄をノートとして利用しても結構です）
2. 本書付属CDをトラック番号に合わせます。
   ここではまだ再生をしないでください。
3. あなたの声を録音する準備をします。
   録音はお手持ちのカセット、MD、パソコンなど、何でもOKです。

定着トレーニング

イントネーショントレーニング

③ 聞き取る

Track 54

1. 課題文を聞いてください。何度聞いてもOKです。
2. イントネーションを覚えたら、CDを止め、ノートに（または下の欄に）聞き取った英文を書き込んでください。

聞いた回数　　　回

3. 念のために、書き取った英文が正しいか、次ページの課題文で確認します。

④ 録音する

あなたが聞き取って書いた課題文を、1回だけ音読して録音してください。そして、あなたの発音を、次のチェックリストに従って、自分で診断してみましょう。（ここで録音した音声は保存しておいてください。）

— Check Point —

- ☐ イントネーションはお手本に似ている？
- ☐ 口調は自然？
- ☐ 途切れずに、なめらかに言えている？
- ☐ 文を読むスピードは？
- ☐ 子音を強く発音している？

メモ欄

英語らしい音を聞き取る「9つのポイント」

それではトレーニングを開始しましょう。

> この課題文のポイントは9つ。いずれも「日本人の耳を素通り」してしまい、聞き取れない音になっていた要素です。発音をすぐに身につけたいという人、特に念を入れて取り組んでください。ポイントは、一度覚えれば幅広く応用できます。1つずつ、確実にこなしてから次に進んでください。

課題文

In that case, you shouldn't beat his dog.
 1   2   3 4   5   6   7   8   9

UDA式のポイントは
このイントネーション練習！
ていねいにやってネ

定着トレーニング

イントネーショントレーニング

Point ① ········· 高低を聞き取る

音程が、日本語よりもずっと大きくジャンプします

> **In that** case, you shouldn't beat his dog.

Track 55

　英語のイントネーションの音程は、日本語よりもずっと大きく変化します。Inからthatの音程は「ド」から「ラ」まで一気にジャンプします。

　平坦なイントネーションが身についていると、このジャンプができないようです。意外なことに、自分ではそっくりまねをしているつもりでも、「ド」から「ミ」の音程で言う人がほとんどです。該当する方はこの練習を十分に繰り返しましょう。ハミングでまねるとコツがつかめます。

Point ❷ ········ 1つずつの音をしっかり発音する

日本語では単語の最後や、文の後半を弱く発音する傾向があります。しかし、英語では発音すべき音をしっかり発音します。

> In that **ca**s**e**, you shouldn't beat his dog.

何の変哲もない case 。しかし、この簡単な単語を正確に発音できる人は非常にまれです。一般的に、やさしい単語ほど、自己流の音、つまり日本語の音で聞いてしまう傾向があります。case を [k-ei-s] 、と区切って発音すると自分の弱点が分かり、また、英語の音声感覚をつかむきっかけにもなります。次の特徴に注意して、ていねいに練習してください。

■ caseの音の特徴

c [k] → 強く破裂させます。「ク」(ku) や「ケ」(ke) のように発音すると、英語としては弱すぎます。

a [ei] → 日本人の耳には、二重母音が実際よりも長く聞こえます。[ei] の長さを聞き取ってみましょう。意外に素早く発音しています。

s [s] → 重要ポイントは、日本語の「ス」よりも鋭く、長いこと。もっと重要なことは、日本語の息使いでは発音できないことです。
日本語では、単語の最後や、文の後半を弱く発音する傾向があり、極端な場合には、「〜です」の「す」を聞こえないくらいに言うことがよくあります。しかし、英語の [s] は必ずしっかり発音します。

定着トレーニング
イントネーショントレーニング

■ 比べてみましょう

C-a-Se [k-éi-s]   [k], [s] をしっかり発音する。[ei] が長すぎないように、短く、軽く発音する

ケ - ス [ke-su]   破裂も息の音も弱く、「エー」が長い

言いやすいように、語尾を弱く発音していないかどうか、"In that case" だけを録音して確認してください。自分がどう発音しているか、その特徴を細かく聞き取ることが改善につながります。

＜日本語の息使い＞

初めが強く、文末が弱くなる。

＜英語の息使い＞

強弱をくり返し、最後の子音もしっかり発音する。

【注意】t などの語尾の破裂音は発音しない場合があります。

Point ❸ ……… 「くっつく音」を聞く

意味から推測して英語を聞いていると、「くっつく音」が聞き取れません。細部を聞くようにすると英語を聞く耳ができてきます。

> In that **case, you** shouldn't beat his dog.

Track 55

case と you のつながりを聞き取ってください。

case [kéis] と you [ju:] のつながりは [sju:]。「シュー」ではなく、あくまでも [s] と [ju:] です。[s] を鋭く発音すると「らしい」響きになります。

意味で英語を聞いている人は、つながった音を聞いても、case / you と区切って発音する傾向が強くあります。つまり、頭の中で音を翻訳してしまうのです。そういう聞き方をしていると、映画のようなナチュラルスピードの英語はなかなか聞き取れないものです。心当たりのある方は、音そのものを聞くように練習してみましょう。

ca**s**e you

[kéisju:]

語尾の子音と、次の単語をつなげる!!

定着トレーニング

イントネーショントレーニング

Point ④ ……… 強弱を聞き取る

意味だけを考えて英語を聞いていると、強弱と高低を逆に聞き取ってしまいます。

Track 55

> In that case, **you shouldn't** beat his dog.

you と shouldn't、どちらが強いか。声の音程はどうか、そこを聞き取ってみましょう。

普通は shouldn't を強く発音しますが、ここでは「あなた」を強調しているので you を強く、高く発音しています。うっかり「知識」で聞いてしまうと、強弱と高低を逆に聞き取ってしまう場合がよくあります。

また、you は「ユー」ではなく、「ィユ〜」の感じで発音します。

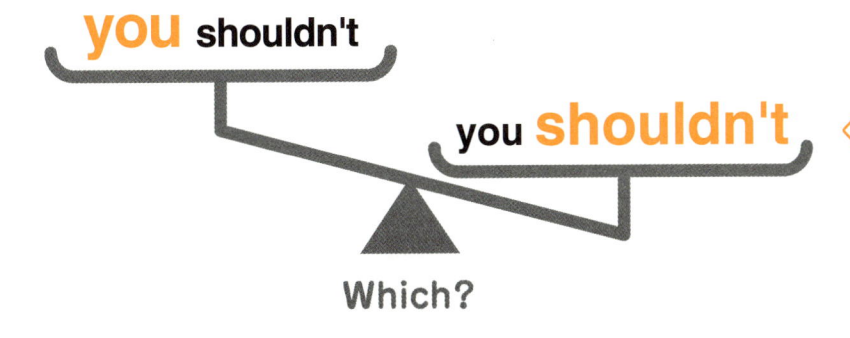

you shouldn't

you **shouldn't**

Which?

Point ⑤ ……… 強い子音を聞く

発音トレーニングで覚えた音が聞き取れて、発音できていますか。

> In that case, you **shouldn't** beat his dog.

息のスピードが速い音や破裂する音は、目立つので覚えやすいのですが、口の形が違うとムダな力が入ってしまいます。ここでは突き出す形と、sh の音を身につけてください。日本語の「シュ」よりずっと鋭く発音します。

この強さ、鋭さを聞き取る

shouldn't
[ʃúdnt]

■ 突き出す形

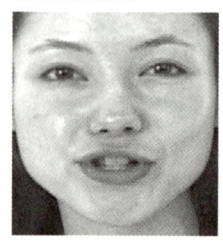

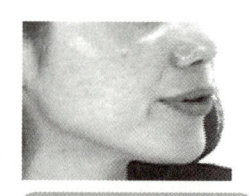

口笛を吹くように、唇の周りとアゴを絞る。

定着トレーニング
イントネーショントレーニング

Point ❻ ……「鼻に響くもやもやした音」を聞く

英語の「もやもやした、目立たない音」を聞き取るために、鼻に響く音をモノにしましょう。

> In that case, you **shouldn't** beat his dog.

Track 55

n は日本語の「ン」よりも強く鼻に響かせて発音します。下の波形を参考にして、nの強さを聞き取ってください。

英語のもやもやした音を聞き取るためにも、この響きをモノにすることは重要です。もし、shouldn't の n が聞き取れない場合には、n を鼻に響かせて、しっかり2秒間発音してください。これを数回繰り返すと、たいていハッキリ聞こえてきます。

この強さを聞き取る

shouldn't

■ shouldn't の波形図

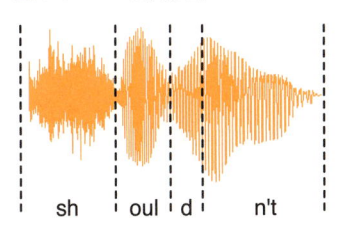

| sh | oul | d | n't |

・nの音量は大きく、長い。
・tは舌先を上の歯茎に付けるだけ。波形には現れていない。

Point ❼ ········ イントネーションを聞き取る

> In that case, you shouldn't **beat his dog**.

beat, his, dog には、それぞれ強弱となめらかな音程変化、つまりメロディーがあります。次のイントネーションの原則をガイドにして細部を聞き取ってください。

■イントネーションの原則

1. 《強》〈弱〉を交互に繰り返す。
2. 《強》は長く、〈弱〉は短い。
   強く発音する単語は長めに発音し、弱く発音する単語は、軽く素早く発音する。弱い音はあいまいになる。
3. 音程をなめらかに変える。
   波打つようなメロディーが英語の特徴。

さて、his の弱さと速さに注目すると、beat his dog が原則どおりに発音されていることが分かるでしょう。

beat ➡ なめらかな上げ調子で強く発音する。
his ➡ 音程を下げ、素早く発音する。
dog ➡ 文末なのでやや強く、なめらかな下げ調子で発音する。

定着トレーニング

イントネーショントレーニング

「文型を伝える」にはイントネーションが重要！

　そんなことまでこだわらなくても、と思うかもしれませんが、ここはしっかりこだわりたいところです。理由はイントネーションが文型を伝えるからです。少々ややこしくなりますが、重要ですから、もう少しお付き合いください。

　beatは動詞。dogは目的語。音としてはhis dog（彼の犬）が1ユニットです。

beat　his dog
　V　　　O
（彼の犬を打つ）

　これを日本語の調子で「ビート・ヒズ・ドッグ」と平坦に言うと、音としては「ヒズ」が目的語と同じ強さになります。そのために、ネイティブがこれを聞いた瞬間には、目的語が2つあるように響きます。

beat　his　dog
　V　　O　　O
（「彼のもの」を「犬」に打つ??）

　つまり、文の形が不自然に変わってしまうのです。相手にはイマジネーションも理解力もあるので、「彼の犬を打つ」ということだと分かってはもらえますが、いちいち解釈が必要な英語を聞かされるほうは疲れます。

　相手が努力をしなくても分かるような、「文型を伝えるイントネーション」で発音しましょう。

　お手本のイントネーションをそっくりまねていると、こんな面倒な理屈を言わなくても、しっかり通じる英語が身につきます。

Point ⑧ ········ 語尾を聞き取る

語尾を1つずつ聞き取ると、英語の音が正確に分かるようになります。

> In that case, you shouldn't **beat his dog**.

Track 55

語尾の強さと、単語のつながりに注意を払うと、英語をより正確に聞き取れるようになります。語尾を1つずつ聞き取り、特徴を確認してください。

beat ➡ tは、聞こえないくらいに軽く発音します。
his ➡ s[z]は鋭い音。[s]に聞こえるくらいに発音します。
dog ➡ gは日本語の「グ」よりも軽く発音します。

bea**t** hi**s** do**g**

定着トレーニング

イントネーショントレーニング

Point ❾ ……… 母音を聞き取る

母音の特徴を聞き取ると、英語の音声感覚がつかめてきます。

> In that case, you shouldn't b**ea**t h**i**s d**o**g.

beat ➡ ea は、口を少し横に開いて「イー」。波打つメロディーで、上げ調子で発音します。

his ➡ i は「エ」に近い音。his は「ヒズ」よりも「ヘズ」に近い。軽く、素早く下げ調子で発音します。

dog ➡ o は、「オ」よりも指1本分くらい、アゴを下げながら発音します。「ドッグ」よりも、ほんの少し長く、下げ調子で発音します。ただし、長すぎないように！

すばやく発音する

やや強く、長めに

h**i**s d**o**g [dɔ́ːg]

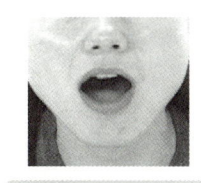

開く音 [ɔː]
1語ずつ、メロディーをマネる

水道の蛇口から流れる水を口の中にためるように、アゴを下げて、「オ」と発音します。1語ずつ、CDのメロディーをまねしてみましょう。

仕上げる！

細部に注意して課題文を音読し、最初の録音と聞き比べてみましょう。

> **In that case, you shouldn't beat his dog.**

Track 55

ここでは、イントネーションがそっくりになっていれば合格です。次の主なポイントをチェックしてください。

─ Check Point ─

☐ 全体のスピードと口調
☐ In that の音程（メロディー）
☐ case と you のつながり
☐ you shouldn't の《強》〈弱〉
☐ beat his dog の《強》〈弱〉

比べてみよう！

Track 56

CDを聞いて、ネイティブと日本人のイントネーションを比べてみましょう。

```
1. ネイティブのお手本
2. 日本語的なイントネーション（日本人）
3. 英語らしいイントネーション（日本人）
```

定着トレーニング

イントネーショントレーニング

イントネーションを覚えよう！

次の文のイントネーションを覚えてから、そっくりまねて発音してください。
強い語を長く、弱い語は速く発音する感覚をつかんでください。

Track 57

1. She hates it, but I like it.
2. It's necessary to prepare for the worst.
3. His opinion is the opposite of mine.
4. Whatever happens, I'll do it. I'm determined.
5. For the first time in my life, I had a wonderful time in France.

■ 1〜5の文のイントネーションをまねるポイント

1. but I は弱いので、速く発音します。like は音程を上げて、強く長く発音します。この強弱と長短の感覚が基本で、とても重要です。
2. 意味の中心、necessary, prepare, worst を強く、その他の語は弱く、速く発音します。
3. His opinion で1ユニット。それが伝わるように言います。その他の強弱感覚は、上の2. と同じです。of を強く発音しないこと。
4. 短い文はカンマがあっても、区切らずに発音します。音は1つずつなめらかにつなげて、波打つメロディーで発音します。
5. この文も区切らずに一息で言います。文のスピードが速くても、強い単語は長め、弱い単語は素早く、という原則をしっかり守って発音してください。

体験談 自分の頭で英語を勝手にカタカナ音に変換して聞いていたことに気づいた

◆永井博史さん

　3年前のある日、突然、ベルギーへの海外赴任を命じられた。といっても、日系の会社なので、1日の半分以上は日本との交信。へたをすると、朝晩の挨拶だけが英語で、残りは全部日本語での電話とメールという日々。社内では、周りの現地の方が日本人英語に馴れているので、仕事にはさして支障はないが、いざ社外との交渉とか、プライベートでのつきあいになると、こちらの英語が通じないことがしばしば。

　そこで、ネイティブの先生について、英会話のレッスンを受けてみたが発音は良くならない。どうやら、彼らには、どうして私が同じように発音できないのか、理解できない様子。日本人の発音の欠点は普通のネイティブに聞いても直してもらえない。

　これではいけない、何かを変えなくてはと、一時帰国時のスケジュールをやりくりして、発音トレーニングをお願いした。1日しかないので、目標はとにかく通じるように話すにはどうすればいいかを把握することだった。

　発音トレーニングが終わってみて、1番の大きな違いは、息のスピードに対する意識が変わったこと。子音の息のスピードを認識できた。そう、発音トレーニングDVDで、あれだけ強調されていた、「息のスピード」。でも、何度もDVDを見ていたはずなのに、トレーニングを受けるまで認識できずにいた。不思議なもので、息のスピードを意識すると、今まで聞き取れなかった音が聞こえてくる。そして、息のスピードを意識して発音すると、結構通じる。現地の同僚から、「最近、あなたの英語 improve したよね」と言われ、ちょっといい気分。以前より格段に聞き取れるし、こちらの言っていることも通じるので、会話もはずむし、会議での発言も増える。「おっ、このフレーズ使える」、

とか、「その単語どういう意味だっけ」、と調べることもでき、好循環。

　トレーニングを通して、私は音をちゃんと聞かずに、自分の頭の中で勝手にカタカナ音に変換して聞いていたことを思い知らされた。例えば [ı] の音を「イ」の音として聞いていたし、そう発音していた。どうやら、頭の中でカタカナ音への自動変換を行いながら聞いていたようだ。このようなやり方でも、時間をかければ、簡単な会話なら聞き取れるようにはなるが、音が少し崩れたり、速くなったりしたらお手上げ。そんなカタカナ英語が染み付いてしまっていた。鵜田先生ともっと早く巡りあっていれば、とも思うが、これも仕方のないこと。それよりも、鵜田先生と現にめぐり会えた幸運のほうに感謝しなくては。

　大事なことがもう一つ。それは練習する時の例文に感情を込めて言う、ということ。先生に「もっと感情を込めて」と言われ、自分で発音してみて違いに気がついた。これも先生の本やDVDでは指摘されていることではあるが、発音とかイントネーションの細かい点ばかりを気にしていると忘れてしまいがち。コミュニケーションの基本であり、技術的なことより重要だと思う。

　これから英語を勉強しようとしている方、そして幸運にも、英語学習の初期の段階で、鵜田先生の本やDVDを今、手にしている方、私が英語に費やした莫大な時間の1/10いや1/100以下で、効率的に英語を学ぶことができるでしょう。うらやましい限りです。

DAY 10

今日のメニューの前に、🎧 04/05 で 👄 30音口まねトレーニング！

ぐーんと上達　スピードトレーニング

「スピードトレーニング」とは、ネイティブの速さに対応するための特別トレーニング。別名「速読みトレーニング」と言います。ナチュラルスピードで音読することです。

英語を聞き取るために速く読む？ ピンと来ないとは思いますが、これは実に効果のある方法です。

音の認識力はスピードに左右されます。これは音楽でも言葉でも同じです。自分の認識スピードより速いものは正確に聞き取ることができませんが、遅いものは楽に聞き取れます。

ここでは、お手本より速いスピードで音読練習することにより、音の認識スピードを一気に高めてしまおう、というものです。きちんと取り組んでいただければ、その効果はすぐに実感できます。では、がんばって！

1 まず、ディクテーション

CDを聞いて、書き取ってください。

Track 58

聞いた回数　　　回

書き取ったら、次のページの英文で答え合わせをして、2 に進んでください。

❷ 区切って練習する

1. CDを聞いて、単語の強弱とイントネーションを覚えてください。

I've been trying / to stimulate her / to study harder, / and now / she's beginning / to listen to me.

(一生懸命に勉強するようにとずっといろいろ言ってきたけど、やっと彼女は私の言うこと聞いてくれるようになったの)

2. / でCDを止め、フレーズごとに練習します。なめらかに言えたら次のフレーズに進みます。

3. フレーズごとに言うとき、次のポイントは必ずチェックしてください。

— Check Point —

- ☐ イントネーションはそっくり？
- ☐ 語句の強弱は同じになっている？
- ☐ 「開く音」と「狭い音」はできている？

❸ 全文を続けて言う

全文を、テキストを見ないで、3秒以内で言えるように練習してください。本気で、高速で取り組まないと効果はありません。時間を計り、真剣に練習してください。

言えたら、もう一度CDを聞いてみましょう。初めて聞いたときと比べてどうですか。今度はハッキリ聞こえることが実感できるはずです。

「音読は正しい発音とイントネーションで高速に！」（ただし、実際の会話は適切な速さで）をモットーに、ネイティブに近づくトレーニングに励みましょう。

スピードトレーニング

- CDには、全体の「通し読み」と、1文ずつリピートできるようにポーズを入れた「ポーズ読み」の、2つのバージョンが収録してあります。それぞれの練習の最後には雑踏の中で話しているダイアローグも入っています。
- 聞いてから1文ずつ、お手本の速さで読めるように練習してください。

練習1

Jack : How's your sister doing?

Wendy : She's fine. Thanks.

Jack : Is she working hard?

Wendy : I've been trying to stimulate her to study harder, and now she's beginning to listen to me.

Jack : I know she's going to make it.

Wendy : I hope so.

大意

J：妹さん、どうしてる？

W：元気よ。ありがとう。

J：がんばって勉強している？

W：一生懸命に勉強するようにとずっといろいろ言ってきたけど、やっと私の言うこと聞いてくれるようになったの。

J：あの子はきっとなんとかなるよ。

W：そうあってほしいわ。

練習2

Jack : Wendy, it's amazing to me how fast time flies.

Wendy : What?

Jack : It seems like it was only yesterday that we started dating for the first time.

Wendy : Yeah. I have the same feeling. I'm glad you asked me out.

大意

J：ウエンディ、時間がたつのは早いものだね。

W：え？

J：デートをするようになったのはつい昨日のことのようだよ。

W：ほんとに。私も同じ気持ちよ。あなたがデートに誘ってくれてうれしいわ。

練習3

Wendy : How long did you stay in Canada?

Jack : I was there for almost a month.

Wendy : That long? Where did you stay in Canada?

Jack : I took a room at The Windsor House Inn. It's a boarding house.

Wendy : How did you like it?

Jack : It was just fine. It was my first experience at a boarding house.

大意

W：カナダにはどのくらい滞在していたの？

J：1か月くらい。

W：そんなに長く！　カナダではどこに泊まっていたの？

J：ウインザーハウスに部屋をとったんだ。そこは下宿屋なんだよ。

W：どうだった？

J：なかなかよかった。下宿屋に滞在したのは初体験だった。

練習4

Wendy: What's it like?

Jack: Well, it's something like a hotel but a lot cheaper. You get to know the other tenants, though.

Wendy: What do you mean?

Jack: We eat meals together. And actually, I met some nice people there.

Wendy: I wish I could go there with you next time.

Jack: Sure. No problem.

大意

W: そこはどういうところ？

J: えーと、ホテルのような場所だけど、ずっと安いんだ。でも、他の宿泊客と知り合いになれるんだ。

W: どういうこと？

J: みんなで一緒に食事をするんだ。実際ね、何人か素敵な人と出会ったよ

W: 今度はあなたと一緒に行きたいな。

J: もちろん。問題ないよ。

体験談 自分の発音が「どこがおかしいのか、どう直せばいいのか」を知った

◆飯田絵里香さん

　発音についてはほめられることが多かったので、自信を持っていました。そのため、発音そのものに真剣に取り組んだことはなかったのですが、「日本人なのに、ネイティブのように上手に発音する人が近所にいる」という話を聞き、私も「発音をしっかり学習してみよう」と決心しました。

　手始めに、CD付の書籍を購入してみましたが、「とてつもない数の発音記号と、それに対応する音をひたすら聞き、まねる」という単純作業のため、あっけなく挫折。違うアプローチで学ぶ方法がないか、と探していたところで「UDA式30音」を知りました。鵜田さんの著書『30音でマスターする英会話』で、「開く音」「狭い音」の理解しやすい理論に感動し、また、舌を巻き上げないR発音方法を知って、ひたすらどんな単語も巻き舌で発音していた私は、カルチャーショックを受けました。

　その後、「UDA式30音」に関する書籍、DVD、ホームページ等を活用し、発音矯正を開始しました。練習はほぼ毎日、半年間続けました。それから、自分の発音完成度をチェックしようと、テープに自分の発音を録音し、鵜田さんに発音診断を依頼しました。すると、いろいろな問題点があるとの指摘を受け、自分では「結構いい線いっているかもしれない」と思っていただけに、指摘ポイントの多さに愕然となりました。自分の声をテープに録音し、お手本と比べる練習を繰り返しましたが、「お手本とはどこかが違う。でも、どこが違うのかわからない」という迷路に突入。独力での限界を感じたので、鵜田さん自身によるマンツーマンの発音トレーニングを申し込むことになりました。

　半年間の練習によって、「開く音」と「狭い音」は聞き分けられ、自分でも

なんとなく発音仕分けることはできるようになり、また、「発音がきれいですね」から「発音がうまいですね」と言われるまでになりました。
　しかし、どこか日本人っぽい発音であることに間違いはなく、どのように練習を繰り返しても、どこが変なのかさっぱり分からない。私の場合、トレーニング中、劇的な変化を実感することはできませんでしたが、その場で適切なフィードバックをもらえる発音トレーニングは、大変有意義でした。つまり、「子音をどのくらい強く出せばいいのか」、「体のどの部分に、どのくらいの大きさの音を響かせるべきなのか」、「口の基本形やその動かし方、唇の形」など、直接鵜田さんのお手本を見て、聞いて体に覚えこませることができたので、家に帰ってからのその後の練習に生かすことができました。
　自己流の限界を突破したというのが実感です。自分の発音方法の、「どこがどのようにおかしいのか、どう直せばいいのか」を知ったことで、自分の発音がいい加減になると、自分自身で弱い部分を改善できるようになり、それと同時に、他人の発音を聞いたとき、弱点や誤っている点が指摘できるようになりました。そして、共鳴音を出す方法について理解したので、今までの「どこか日本人っぽい発音」が著しく改善され、間違って発音していたRを直すことができました。
　現在は、私自身が、自宅で英語発音のトレーナーをしています。発音記号を見れば、どんな音かを発音して説明できるので、指導しやすく、また生徒の理解も早いようです。「発音うんぬんよりも英語とは、話す内容である」という話はよく出ますが、まったくそのとおりです。しかし、こと英語を指導する立場の者が、正しい発音ができないのは、教えられる側にとっては、災難です。これからは、発音の指導に重点を置きつつも、自信を持って英語を指導できるよう、自分の発音練習も欠かすことなく続けていきたいと思います。

DAY 11

今日のメニューの前に、🎧 04/05で 😀 30音口まねトレーニング！

> UDA式30音トレーニングの仕上げです。
> これまでのトレーニングであなたは、単語の1つ1つ、そしてイントネーション、文のスピードをモノにしてきたはず。こんどは、コンセプトが文章単位、パラグラフ単位で、的確に聞き取れるか、に挑戦しましょう。

これでしっかり定着 センテンストレーニング

練習は次の順序で行ってください。

① まずCDを聞いて、文の意味を考え、イントネーションを覚えます。
② 「開く音」、「狭い音」を細かくチェック。単語が言えるようになったら、区切ったフレーズごとに、しっかり言えるようにします。
③ フレーズのつながりに注意して、区切らずに1つの文を言います。何も見ないで言えれば合格！

【注意】/の区切りは練習の便を図って入れたもので、文法的な区切りではありません。

🎧 練習1
Track 64

1 Your opinions are / always / to the point.

あなたの見解はいつも的確ですね。

注意点

ほめる口調で言う。

- opinions 下線部はあいまい母音。「オピニオン」と、カタカナで発音しないこと。
- always をピークとするイントネーションで言う。

2 I'm really happy / that everything worked out / for you.

万事うまくいったことをとてもうれしく思います。

注意点

うれしそうに言う。
- happy, worked out を強く、that, for を軽く発音する。
- worked, for の r は突き出す形で発音する。

---

3 It's an illusion to believe / that all wisdom is / contained in books.

学問知識はすべて書物にあると信じるのは思い違いです。

注意点

「そうではありませんよ」とクールに言う。
- that, contained の語尾は軽く、その他の語尾ははっきり発音する。
- an, that, in は聞こえないくらいに軽く。あなたの強弱はどうか、録音してチェックしてみましょう。

---

4 Try to count to ten / before you lose your temper.

怒る前に、10まで数えてごらん。

注意点

「こうしたら？」と提案する口調で。
- to [tə] の o はあいまい母音。before, your, temper などはカタカナ発音になりやすい。
- r は突き出す形で！

145

5 In the middle of the night, / he decided to carry out / the project.

彼は深夜に、そのプロジェクトを実行することを決意しました。

注意点

「実は」と状況を説明する口調で。
- middle の dl は、舌先をなるべく付けたまま発音する。
- the, of, to を強く言いすぎないように。decided, carry out などの、強い語句の間を埋めてつなげるような感じで発音する。

この形で発音しよう！

速く言っても、「開く音」は必ずアゴを下げながら発音します。

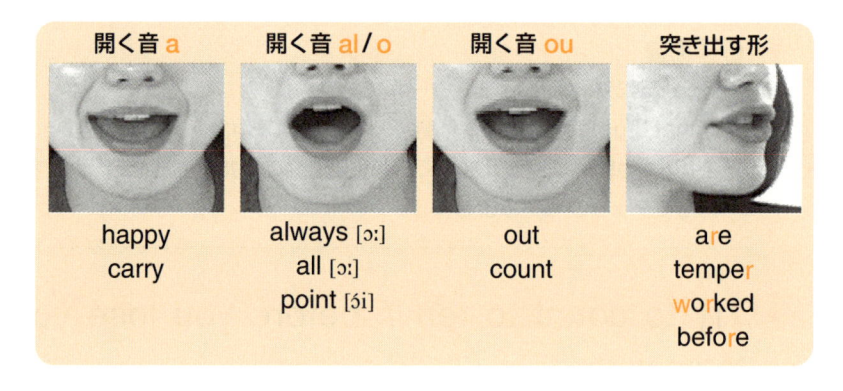

開く音 a	開く音 al / o	開く音 ou	突き出す形
happy carry	always [ɔː] all [ɔː] point [ɔi]	out count	are temper worked before

定着トレーニング

センテストレーニング

> **これでしっかり定着**
> **センテストレーニング**

練習は次の順序で行ってください。

❶ まずCDを聞いて、文の意味を考え、イントネーションを覚えます。
❷ 「開く音」、「狭い音」を細かくチェック。単語が言えるようになったら、区切ったフレーズごとに、しっかり言えるようにします。
❸ フレーズのつながりに注意して、区切らずに1つの文を言います。
何も見ないで言えれば合格！

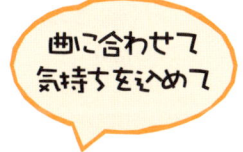

曲に合わせて気持ちを込めて

練習2
(Track 65)

The sun was shining as John stepped out of the hospital. He needed someone to tell him that it was going to be okay, but there was no one around.

（ジョンが病院を出たときに太陽は輝いていた。彼は誰かに大丈夫と言ってもらいたかったが、周りには誰もいなかった。）

練習3
(Track 66)

Dr. Smith had told John that it was necessary to prepare for the worst. The hospital has been running various tests for the past few months, and this last one revealed that the cancer was spreading.

（スミス医師はジョンに最悪の事態に備えることが必要だと言った。過去数か月間、病院ではさまざまな医療テストが行われてきたが、最新のテストにより、ガンは拡がりつつあることが判明した。）

練習 4

John's treatment options seemed to be quite limited. At that time, both of them didn't know that Dr. Robert was working miracles with his cancer patients.

(ジョンの治療方法はごく限られたものしかないようだった。その頃、彼らはロバート博士がガン患者に奇跡と思えるような治療をしていることをまだ知らなかった。)

定着トレーニング
センテンストレーニング

注意点 よく使われる外来語は要注意

- まとまった文章は、ドラマやマンガのストーリーのように、シチュエーションを先に頭に入れると、丸暗記とは違う覚え方ができるようになります。1つ1つの文は前ページと同じように練習してください。
- 淡々と状況を説明する文章なので、イントネーションは平坦になりがちです。歌を覚えるように、お手本のメロディーを覚えて、ハミングで言えるようにしてから発音してください。The や of などの弱い単語に下線を引くと、《強》〈弱〉の目安になります。
- of や for などの中学で習う基本単語や、ホスピタル、ワースト、キャンサーなどのよく使われる外来語は、カタカナ発音になりやすいので要注意!!

この形で発音しよう！

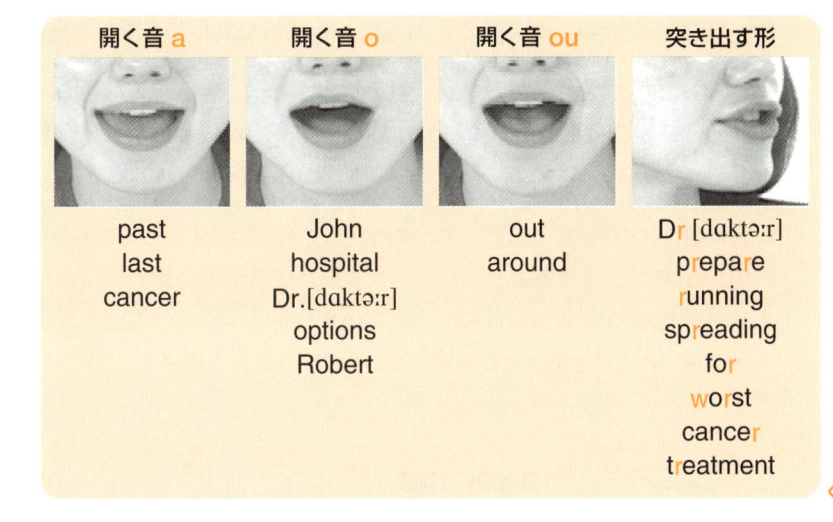

開く音 a	開く音 o	開く音 ou	突き出す形
past	John	out	Dr [dɑktəːr]
last	hospital	around	prepare
cancer	Dr.[dɑktəːr]		running
	options		spreading
	Robert		for
			worst
			cancer
			treatment

DAY 12

今日のメニューの前に、🎧 04/05で 😀 30音口まねトレーニング！

これで早口ネイティブもこわくない

くだけた発音 聞き取りテスト

英語の音をナチュラルスピードでつかむ
全部くっついて聞こえる映画の会話もかなりわかるようになる
「もやもや聞こえていた」状態がなくなる

　英語にはていねいな発音と、「くだけた発音」があります。「くだけた発音」とは、going to を gonna と言うように、親しい人との会話で使う発音のこと。日本語の常識では考えられないほど音が変わってしまいます。それを知らないと「知っている英語が聞き取れない」とか、「単語を知らないので聞き取れない」と誤解してしまうでしょう。

　しかし、「くだけた発音」は、言いやすいように音を変えたものですから、一定の規則性とパターンがあります。それらは単語のアクセントやイントネーション、そして口の動きから生まれたものです。

　音の変わり方を覚えると、もやもやして聞き取れなかった英語が、音のかたまりで分かるようになり、ネイティブ同士の会話や、映画がとても聞き取りやすくなります。ですから、次ページからの聞き取りテストは、単に聞き取るだけではなく、法則性を考えて答えてください。

Did you get it?
ジュ　ゲリッ

I got it.
ガリッ

総仕上げ
くだけた発音聞き取りテスト1

くだけた発音 聞き取りテスト1

A CDを聞いて、□の語句を書き取ってください。そして、ここに見られる英語特有の規則性を考えてください。

1. You _____ !

2. See you _____ .

3. _____ .

B 次の会話を聞いて、□の語句を書き取ってください。
CDは、クリアな音声と、雑踏の中で収録した音声と2回分入っています。まず、クリアな音声で聞き取ったあと、雑踏を含んだ音声で聞こえ方を確かめてください。

Man: Did anyone _____ ?

Woman: _____ know _____ .

Man: That's _____ . Maybe _____ .
Uh, you _____ ?

Woman: Why not? I'll take _____ .

Man: Good. _____ .

よし！リズムに乗っていきますかー！

1 正解と解説

💡 ヒント：語尾の省略

●語尾の破裂音は、省略されたり弱く発音されたりします。また、同じような音や、口の動きが似ている音が続くと省略されることがあります。3の Give me that. は Gimme that. となり、発音は、ほとんど「ギミダッ」と聞こえます。最後の「ダッ」はあいまいな音なので、聞き取れない場合もあるでしょう。

規則1 語尾の破裂音は省略される

A
1. You **did a good job** ！（よくやったね）
2. See you **next summer** .（来年の夏に会いましょう）
3. **Give me that** .（それちょうだい）

B
Man : Did anyone **make it** ?

Woman : **Not that I** know **of** .

Man : That's **what I thought** . Maybe **next time** . Uh, you **want a drink** ?

Woman : Why not? I'll take **a glass of wine** .

Man : Good. **Make it two** .

M：誰か目標達成した？
W：私の知る限りでは誰も。
M：やはりそうか。たぶん、次回に。ねえ、何か飲む？
W：いいわね。ワインをもらうわ。
M：いいね。ワインを2つ。

総仕上げ
くだけた発音聞き取りテスト2

A CDを聞いて、□の語句を書き取ってください。そして、それぞれに見られる英語特有の規則性を考えてください。

1. I _____ .

2. _____ .

3. _____ do it.

B 次の会話を聞いて、□の語句を書き取ってください。
CDは、クリアな音声と、雑踏の中で収録した音声と2回分入っています。まず、クリアな音声で聞き取ったあと、雑踏を含んだ音声で聞こえ方を確かめてください。

A : Where're you going _____ ?

B : To _____ . You know, we _____ the year there.

A : _____ ! Why don't you take me with you?

B : Right on! Actually _____ with you.

2 正解と解説

💡 ヒント：n と t のつながり

●n と t が続くと、t が消えます。だから want to は wanna と発音されます。winter の t が消えて、「ウィナー」のように聞こえることがあります。going to の場合、まず、goin' と語尾の g が抜け落ちます。英語には母音が連続すると、後ろの音が弱くなり、早口の場合にはなくなる、という特徴があります。結局、n と t が続くことになるので、gonna という発音になります。

規則2 n と t が続くと t が消える

A 1. I wan*t to* (wanna) go . (行きたいな)

2. I*nt*ernet is i*nt*eresting . (インターネットっておもしろい)

3. I'm going *to* (gonna) do it. (私がやるつもりです)

【注】（ ）の中のように表記することがあります。

B A : Where're you going and what're you *going to* do ?

B : To The Fan*t*asy Island . You know, we can play the wi*nt*er sports all through the year there.

A : That sounds i*nt*eresting ! Why don't you take me with you?

B : Right on! Actually I've wa*nted* to go there with you.

A：どこへ何しに行くの？
B：ファンタジーアイランドに。1年中ウインタースポーツをできるからね。
A：楽しそうね。私も連れて行って。
B：いいよ。実はずっと君と行きたいと思っていたんだ。

くだけた発音　聞き取りテスト3

A CDを聞いて、□の語句を書き取ってください。そして、それぞれに見られる英語特有の規則性を考えてください。

1. I ＿＿＿＿＿＿＿＿＿ .

2. Did you ＿＿＿＿＿＿＿＿＿ ?

3. You ＿＿＿＿＿＿＿＿＿ .

B 次の会話を聞いて、□の語句を書き取ってください。

CDは、クリアな音声と、雑踏の中で収録した音声と2回分入っています。まず、クリアな音声で聞き取ったあと、雑踏を含んだ音声で聞こえ方を確かめてください。

A : ＿＿＿＿＿＿＿＿＿ boyfriend?

B : I ＿＿＿＿＿＿＿ and we ＿＿＿＿＿＿＿ .

A : That's nice.

B : Yeah. Oh, I saw your wife ＿＿＿＿＿＿＿ today.

A : ＿＿＿＿＿＿＿ . She's out of town ＿＿＿＿＿＿ .

B : Then ＿＿＿＿＿＿＿＿＿ .

3 正解と解説

💡 ヒント：hの省略

> ●hやthが省略されて、herは'er、himは'im、そしてthemは'emと発音されることがあります。これらは前の単語とつながるので、別の単語に聞こえることがあります。must have のように、弱く発音される have は、「あいまい母音」だけか、または v だけで発音する場合があります。must have を must've または must'a と発音します。
>
> **規則3** hやthは省略される

A 1. I believe 'em . 'em = them（私は彼らを信じます。）

2. Did you tell 'er about it ? 'er = her（彼女にそのことを話した？）

3. You must've been mistaken .（間違えたのでしょう。）

B A : Where did you meet your boyfriend?

B : I met *him* at the party and we hit it off right away .

A : That's nice.

B : Yeah. Oh, I saw your wife near the theater today.

A : That can't be . She's out of town for a couple of days .

B : Then I must've been mistaken .

A：どこで彼と知り合ったの？
B：パーティで彼に会って、すぐに意気投合したの。
A：よかったね。
B：まあね。あ、今日、あなたの奥さんを劇場の近くで見かけたわ。
A：そんなはずはないよ。彼女は2、3日出張だから。
B：じゃあ私の勘違いね。

総仕上げ
くだけた発音聞き取りテスト4

A CDを聞いて、□の語句を書き取ってください。そして、それぞれに見られる英語特有の規則性を考えてください。

1. I _____ .

2. _____ mind.

B 次の会話を聞いて、□の語句を書き取ってください。
CDは、クリアな音声と、雑踏の中で収録した音声と2回分入っています。まず、クリアな音声で聞き取ったあと、雑踏を含んだ音声で聞こえ方を確かめてください。

A : _____ doesn't show up?

B : _____ .

A : Come on. It's time _____ .
   We've got to do it without him.

B : Shall I _____ ?

A : The _____ . _____ here.
   We've got to figure out _____ .

B : OK.

4 正解と解説

💡 ヒント：軽い d、you の変化

- アクセントがない音節では、t を「軽い d」で発音することがあります。この「軽い d」は、[l]のように聞こえる場合もあります。
- you(your)は前の単語の影響を受けていろいろに音が変化します。
  I wish you good luck. [ʃju] Close your eyes. [dʒɔːr]
  you は、また軽く ya と発音されることがあります。
  How ya doin'? = How are you doing?

規則4 アクセントのない音節では、t は「軽い d」になる。

Ⓐ 1. I had a lot of fun . = a loda' fun（とっても楽しかった）

2. Make up your mind. 下線部の発音は [pjɔːr]（決心しなさい）

Ⓑ A : What if he doesn't show up?

B : Let me think .

A : Come on. It's time you made up your mind .
We've got to do it without him.

B : Shall I call him ?

A : The clock is ticking . Let's get out of here.
We've got to figure out something better than that .

B : OK.

A：もし彼が来なかったらどうする？
B：少し考えさせて。
A：おい、もう決心したら。彼がいなくてもやるしかない。
B：彼に電話をしましょうか？
A：時間がないんだ。ここを出よう。もっとましなことを考えなくては。
B：OK。

くだけた発音 聞き取りテスト5

A CDを聞いて、☐の語句を書き取ってください。そして、それぞれに見られる英語特有の規則性を考えてください。

1. ☐ .

2. ☐ .

3. It ☐ .

B 次の会話を聞いて、☐の語句を書き取ってください。
CDは、クリアな音声と、雑踏の中で収録した音声と2回分入っています。まず、クリアな音声で聞き取ったあと、雑踏を含んだ音声で聞こえ方を確かめてください。

A : Honey, how come ☐ flashing ☐ ?

B : 'Cause the battery's ☐ .

A : What should I do?

B : No sweat. ☐ use the power cable.

A : That's easy enough. ☐ .

B : Sure. Go ahead

5 正解と解説

💡 ヒント：よく使う表現と省略

- よく使う表現は、一部の音だけを発音することがあります。正解の下線部は発音しません。次の表現も同様。
- and は n だけを発音する場合があります。また、or は r だけを発音する場合があります。n と r、それぞれが単語の働きをするのです。
Right 'r wrong?（正しいか正しくないか）

規則5 よく使う表現は一部だけ発音することもある

A 1. Let's go .（行きましょう。）

2. That's right .（そのとおり。）

3. It goes up 'n' down .（それは上下に動きます。）

B A: Honey, how come this little lamp is flashing on and off ?

B: 'Cause the battery's running low .

A: What should I do?

B: No sweat. All you've got to do is just use the power cable.

A: That's easy enough. I'll go 'n' get it right away .

B: Sure. Go ahead

A：あなた、どうしてこの小さい灯が点滅しているの？
B：バッテリーが切れかかっているからさ。
A：どうしたらいいの？
B：心配無用。電源コードを使えばいいんだ。
A：それなら簡単。すぐに取ってくるわ。
B：分かった。行っておいで。

くだけた発音　聞き取りテスト6

A CDを聞いて、次の語句のあいまいに発音されている母音に下線を引いてください。

1. Terrible weather!
2. The soap and detergent.

B 次の会話を聞いて、□の語句を書き取ってください。
CDは、クリアな音声と、雑踏の中で収録した音声と2回分入っています。まず、クリアな音声で聞き取ったあと、雑踏を含んだ音声で聞こえ方を確かめてください。

A: Can you _____ ?
　It's _____ movies.

B: No, I can't. _____ to do that.

A: You know, I think _____ .

B: I agree with you, but we _____ .

A: That's true.

6 正解と解説

💡 ヒント：はっきりしない母音

●英語の特徴は、アクセントのない母音を弱く、あいまいに発音したり、省略してしまうこと。だからスペルのローマ字読みと実際の発音はかけ離れたものになります。アクセントがある母音だけを強く、残りは弱く発音する感覚は極めて重要なので、ぜひカラダで覚えてください。そうすると、あなたの音声感覚は必ずレベルアップします。

規則6 アクセントのある母音だけを強く発音する

A 1. Terr*i*ble weather! （ひどい天気！）
　　　　　[ə]　　　　[ər]

　　2. The soap and detergent. （石鹸と洗剤）
　　　　[ə]　　　　[ə]　　　　[ər]　[ə]

B A: Can you make a copy of this DVD ?
　　　　It's one of my favorite movies.

　　B: No, I can't. It's against the law to do that.

　　A: You know, I think personal copying should be legal .

　　B: I agree with you, but we have to play games by the rules .

　　A: That's true.

A：このDVDをコピーできる？　私の好きな映画なの。
B：できない。コピーは違法行為だよ。
A：ねぇ、個人的にコピーすることは合法であるべきだと思うわ。
B：君に賛成だけど、ルールは守らなければね。
A：それもそうね。

くだけた発音 聞き取りテスト7

A CDを聞いて、次の語句の発音されていない母音に下線を引いてください。

1. An important business.

2. My favorite mountain.

3. Thousands of personal computers.

B 次の会話を聞いて、□の語句を書き取ってください。

CDは、クリアな音声と、雑踏の中で収録した音声と2回分入っています。まず、クリアな音声で聞き取ったあと、雑踏を含んだ音声で聞こえ方を確かめてください。

A : I have _____.

B : Well, what is it?

A : Pictures of _____, and they are the first work of my photo retouching.

B : Neat! _____?

A : I used _____ my computer. I'll show you how.

B : Wow. _____!

7 正解と解説

💡 ヒント：発音しない母音

● ナチュラルスピードでは、ふつう、下線部の母音は発音しません。だから、importnt のように子音が連続してつながります。この発音を聞いて、「インポータント」などと、頭にカタカナが響いていると英語を正しく聞き取ることはできません。「フェイバリット」や「マウンテン」のようによく使われるカタカナほど要注意！ついうっかり、発音を間違えやすいからです。

規則7 カタカナ英語ほど要注意！ 発音を間違いやすい

A 1. An important bus*i*ness. [ɪmpɔ́ːrtnt][bíznəs]

2. My favorite mountain. [féivrət][máuntn]

3. Thousands of personal computers. [θáuzndz][pə́rsnəl] [ə]

注意点 business　i は発音しない。ness の e は [e] に近いあいまい母音で発音されている。

B A: I have [something to show you] .

B: Well, what is it?

A: Pictures of [my favorite mountain and myself] , and they are the first work of my photo retouching.

B: Neat! [How did you do that] ?

A: I used [the new digital camera and] my computer. I'll show you how.

B: Wow. [Interesting] !

総仕上げ
くだけた発音聞き取りテスト7

A：見せたいものがあるの。
B：なんだい？
A：私の好きな山と私の写真。初めてのレタッチ（画像編集）です。
B：決まってるね。どうやったの？
A：デジカメとパソコンを使ったの。説明するわ。
B：おもしろそう！

よくできました！
これでトレーニングは
終わりでーす。
付録も楽しんでね！

付録
お国訛りを聞いてみよう

　英語の音も国によってさまざま。本書ではアメリカ発音を中心に収録してきましたが、ここでは、異なる国から来たジャパンタイムズの記者4名の英語を聞いてみましょう。出身地によってアクセントとイントネーションが少々異なります。例えば、office や solid などの「開く音 o」を、4人のうち3人が [ɔː] で発音し、1人だけが [ɑ] で発音しています。イントネーションに際だった特徴があるのはイギリス出身の記者です。その点に注意して聞いてみましょう。

　また、違いはあっても、共通点のほうが多いので、お互いのコミュニケーションには支障がないこともポイントです。

1 オーストラリアとアメリカの英語を聞き比べてみよう

ナレーターの紹介

Peter: Hi. My name is Peter Crookes. I'm from Australia.
Eric: Hi. My name is Eric Prideaux. I'm from New York.

About a job interview

A: What makes you so sure that I would be the right guy?

B: Well, you mentioned previous work experience in finance.

A: Yeah, but aren't there about a million guys just like me out there?

B: Don't sell yourself short. It's hard to find a person with a solid finance background. In any case, you should send your resume in. Who knows? You might have a shot at it.

A: Okay, you have a point.
I'll send it in first thing tomorrow morning.

▶▶ CDでは、お国訛りがよくわかるようにAとBを入れかえて2度読んでいます。

付　録

お国訛りを聞いてみよう1

ピーター：私の名前はピーター・クルックス。オーストラリア出身です。

エリック：私の名前はエリック・プリドー。ニューヨーク出身です。

A：どうして（その仕事に）ボクが適任だと？

B：ほら、前に金融業界で仕事をしていたと言っただろう。

A：ああ、でも他にもボクのような男はいくらでもいるだろ。

B：過小評価は禁物。金融に詳しい人はそうはいない。ともかく、履歴書を送ったほうがいい。ひょっとすると受かるかもしれないだろ。

A：そうだね。君の言うとおりだ。
　　明日、朝いちで、送ることにするよ。

● 聞き取りのポイント ●

　Peter (Australia) さんはハスキーで、What, that などの語尾を略したり弱く発音するので、やや聞き取りにくい。make は、よく言われるオーストラリア訛りの [ái] ではなく、普通に [éi] と発音している。全体的にアゴの下げ方はやや少ないが、ノドの響きは強い。

　Eric (USA) さんは普通のアメリカ英語。子音が強く聞き取りやすい。office の発音は [ɑ́fɪs]。

❷ 南アフリカとイギリス(ウエールズ)の英語を聞き比べてみよう

ナレーターの紹介

Track 76

John: Hi. My name is John. I'm from South Africa.
Simon: Hi. My name is Simon. I'm from Wales in Great Britain.

Going to the movie

B: Sorry. I'm running a little late today. It was just meetings after meetings. So, I left the office a little later than I expected.

A: It's alright. Don't worry!
So what type of movie are you up for today?

B: How about something funny?

A: Sounds good after a hard day's work, don't you think?

B: Yes. I'll get the tickets.

A: Okay, then I'll go get the popcorn and the drinks.

付　録

お国訛りを聞いてみよう2

　ジョン：私の名前はジョン。南アフリカ出身です。

　サイモン：私の名前はサイモン。イギリスのウエールズ出身です。

B：ごめん。予定より少し遅れているんだ。会議、会議でさ。だから会社を出るのが思っていたより少し遅れたんだ。

A：いいよ。気にするな。
　さて、今日はどんな映画を見るのかな。

B：何かおもしろいのはどう。

A：疲れた仕事の後にはいいね。どう。

B：そうだね。じゃ、チケット買ってくる。

A：OK。それじゃ、ぼくはポップコーンと飲み物を買いにいってくるよ。

聞き取りのポイント

　Simon (UK) さんの抑揚の強いイントネーションを聞けば、すぐにイギリス人と見当がつくでしょう。単語の強弱、大きくカーブするような言い方が特徴。office [ɔ́ːfɪs] の「開く音 o」はもちろんイギリス式の発音。

　John (South Africa) さんは sound, hard などの「開く音」をあまりアゴを下げないで発音している。彼も、popcorn [pɔ́pkɔ̀ːrn] の「開く音 o」をイギリス風に発音するが、アゴの下げ方はイギリス人よりもやや少ない。

付録

チャレンジ！ニュースの英語を聞き取ろう

ここで英語ニュースを聞いてみましょう。今までの練習が生かせるかどうか試してみてください。経済をテーマにした高度な内容ですから、なじみのない語句があるかもしれませんが、まず、聞こえ方を認識して、意味を把握し、リスニング練習に入ります。

リスニング練習は、単語の発音、文の強弱などはもちろん、聞き取りにくい部分にはマーカーを入れるなどして、聞こえている部分と聞こえていない部分を認識すること。次に、自分でもそれと同じように言ってみることが大切です。初めは大変でも、内容を頭に描きながらお手本のスピードで言えるようになると、リスニング力はさらにアップします。チャレンジしてください！

New development plan needed

Saturday, May 22, 2004

As far as corporate earnings reports show, Japan´s economic recovery is moving in the fast lane, with many large companies chalking up record profits for the fiscal year that ended March 31, 2004. At the top of the list is Toyota Motor Corp., which reported group net income of more than ¥1 trillion for the first time. Consolidated pretax profits for companies listed in the first section of the Tokyo Stock Exchange totaled more than ¥20 trillion, an all-time record, according to economic think tanks.

付　録

ニュースの英語を聞き取ろう

　企業収益報告書が示すかぎりでは、多くの大企業が2004年3月31日までの会計年度に記録的な利益を上げており、日本の経済回復は急速に進んでいる。筆頭はトヨタ自動車で、初めて1兆円を超える連結純利益を報告した。東京証券取引所一部上場企業の連結税引前利益は、合計で20兆円を超え、経済シンクタンクによると、これは史上最高の記録だという。

● 聞き取りのポイント ●

　is, the, of, an, with, which などの弱い音に注意すると、強調されている部分がより強く聞こえてくる。特に At the top of the list は、音の高低、強弱が大きく、特徴がつかめるだろう。
　注目すべきは、moving in the、that ended, listed in the の音のつながりである。このなめらかさを聞き取ってほしい。
　また、fast lane を「ファーストレン」、think tanks を「シンクタンクス」、ended を「エンデッド」、totaled を「トータルド」と聞き取っていないだろうか。
　この記事のように、取り上げられている内容に知識があると、名詞や主な動詞が聞き取れただけで全部が理解できたように思っていることがある。前置詞や接続詞がきちんと聞き取れたかテキストで確認してみよう。
　いままでの学習の成果がここである程度確認できるはずである。

付録
スペルの読み方ガイド

　英語は表音文字で、スペルはもともと発音を表したもの。しかも、80％以上が規則的です。それにもかかわらず、「英語のスペルは不規則」、「複雑でやっかいなモノ」と言われているのも事実です。複雑に思えるのは、日常よく使われる約400語（some や have など）が不規則なこと、ギリシャ語やフランス語など他言語からの借入語が例外になっているからです。少数の例外にまどわされず、規則性を大いに活用しましょう。

　スペルの役目は意味と発音を表すこと。簡単そうですが、英語の母音には次の制約があります。

1. 表す文字は a, e, i, o, u の5つだけ。
2. 発音の数は10以上もあり、数え方によっては20以上もある。

　たくさんの母音を5つの文字でどう表せばいいのでしょうか。

　アルファベットがイギリスに伝えられたのは6世紀のこと。当時の人たちも、きっといろいろ考えたことでしょう。そして誰かが「一つの文字が複数の音を表す」という方法を考えたのです。その詳しい経緯は定かではありませんが、分かりやすく覚えやすいシンプルな原則は、時を越えて今もその任務を果たしているのです。

1. 語尾の e

　英語の単語には、語尾のe、signのgなどのように、発音しない文字がよく使われています。なくてもいいような文字を使う理由は何か。それが分かるとスペルはずっと読みやすく、覚えやすくなります。

　　tap [tǽp]　　tape [téip]

　上の2語を比べると、子音 t, p の発音は同じ。母音 a の発音は異なります。そして、tape の語尾には発音しない「黙字の e」があり、発音しない文字を加えることにより、 aが2とおりの発音を表しています。それが平仮名にはない工夫です。

　　spit - spite, hop - hope, cut - cute

　なども同様です。そうすると、次の単語の読み方は、仮に知らなくても見当がついてきます。

　　lavish [lǽvɪʃ] 気前のよい　　plague [pléig] 疫病

　ここまでの原則を整理しておきましょう。

付　録

スペルの読み方ガイド

原則1　黙字の e がない場合、母音を短母音で発音する。
原則2　黙字の e がある場合、直前の母音をアルファベットどおりに発音する。

2. 母音の連続

次は母音が連続した場合です。　　　　meet [míːt] 会う
　　　　　　　　　　　　　　　　　　　　↑
　　　　　　　　　　　　　　　　　　　黙字

　母音が連続した場合、最初の母音をアルファベットどおりに発音します。2つめのeは黙字。語尾の e が前に移動したようなものです。だから、ee は、初めの e だけを[iː]と発音します。
　黙字は発音しない「合図の文字」　　meat [míːt] 肉
ですから、別の文字に代えることが　　　↑
可能になります。　　　　　　　　　　黙字

　この工夫により、スペルは発音を表し、同時に同音異義語を、目で見て区別できるようになっているのです。次の例で確認してください。

1. 同音異義語

see - sea　pain - pane　mail - male

2. 初めの母音だけを発音する語

rain　peace　pie　boat

2つめ母音の代わりに、gやghなどの、読みにくい子音を使う単語も少しだけあります。

flight　night　sign

後ろの母音を発音するのは、わずかな例外だけ。たいてい、太字の文字だけをアルファベットどおりか、長母音で発音します。

you　beautiful　great　soup　piece

3. 子音の連続

　子音が2つ並んだ場合は、直前の母音を短く発音します。それは日本語のはねる音、「っ」の感じに似ています。

apple　back　fund

これまでに述べた原則を使うだけでも、スペルを書いたり覚えることがとても楽になります。ぜひ活用してください。

4. 文字と口の形 「開く音」と「狭い音」

母音にアクセントのある場合、「開く音」は a, o で表し、「狭い音」はa以外の文字で表します。

1. a, o は「開く音」、e, i, o, u は「狭い音」を表します。
開く音 c<u>a</u>t　l<u>o</u>t　　狭い音 h<u>i</u>t　s<u>u</u>n

2. a + 1 文字、o + 1 文字も「開く音」を表します。
c<u>ar</u>d　w<u>al</u>k　<u>or</u>der　b<u>ou</u>ght

3. 下線部はすべて「狭い音」。あいまい母音 [ə] と [r] で発音する。
b<u>ir</u>d　f<u>ur</u>　doct<u>or</u>　sist<u>er</u>

　1音節の単語は、母音を強形で発音します。love, come などは、初めは luv, cum と書きました。しかし、手書きの uv や um は読みにくいので、後世になって u が o に変化しました。また、開く音の o と区別するために、語尾に黙字のeを加え、現在のスペルとなりました。o と or は「開く音」と「狭い音」の両方を表すので要注意です。

5. スペルの原則の例外

連続する母音

　原則にあてはまらないものは、いずれもよく使われる単語です。数は少ないので、パターンとして区別しておきましょう。

パターン1 ea や ei など。
(1) [e]　　dead [déd]　　deaf [déf]　　said [séd]
(2) [íə]　　rear [ríər]　　beer [bíər]
(3) その他　foreign [fɔ́:rən]　neighbor [néibər]

パターン2 oo は [u:] または [u] と発音する。
(1) [u:]　　cool　school
(2) [u]　　cook　book

※door [dɔ́r], blood [blʌ́d] は特別なパターン。

付　録
スペルの読み方ガイド

パターン3　ou は [ʌ]、または [áu] と発音する。

(1) [ʌ]　　　country　young
(2) [áu]　　 house　loud
(3) [áu]　　 cow　how

※ou のつづりで [áu] と発音するのはフランス語の影響。語尾の ou は、読みやすいように ow に。
※soup [su:p], group [gru:p] は例外。u だけを発音する。

■ その他

1. 語尾のyは、読みやすいように、i の代わりに使う。

(1) 黙字になる　　lay, pay, say
(2) i の代わり　　my, supply, type
(3) oy で [ɔi]　　boy, toy, Roy　（語尾でなければoil, noiseとつづる）

2. 2つの発音をもつ単語

　either を [í:ðər] または [áiðər] と発音するように、いくつかの単語は2とおりで発音されます。それは主に「連続した母音は片方を発音する」というルールから生じているようです。日本語でも「発足」を「ほっそく」または「はっそく」と、2とおりで読むことに似ています。

(1) aunt　　　u を黙字とすると [ænt]、au を発音すると [á:nt]。
(2) either　　e を発音すると [í:ðər]、i を発音すると [áiðər]。
(3) neither　either と同様に、e か i のどちらかを発音する。
(4) leisure　もとはフランス語で、e を長母音で [lí:ʒər]、または短く [léʒər] と発音する。いずれの場合も i は発音しない。
(5) ask　　　アメリカ発音は [æsk]、イギリス発音は [á:sk] といわれている。しかし実際には [á:sk] というアメリカ人もいる。つまり「開く音」ならばどちらでも構わない。fast や last も同様。

3. apple の e

　apple の最後は黙字の e ですが、2つの p を優先し、a を短く発音します。
　一般的に、子音が3つ並んだ場合には語尾に e をつけます。この e は、boy, cow の y や w と同様に「読みやすさ」を重視したもの。「見た目」はスペルとして、大切な要素だからです。
　例：bottle　castle　little

付録

30音と発音の ポイント 一覧表

子音（23音）

息のスピードが速い音

日本語よりも、息をずっと速く吐き出して発音する。

1. [s] space　合わせた歯の間から息を速く吐き出して発音する。
   lesson [lésn]　miss [mís]

2. [z] zoo　[s] の有声音。
   surprise [səpráiz]　prize [práiz]

3. [f] face　下唇の内側を歯に当てて発音する。[s] を歯と唇で発音する感じ。
   information [ínfərméiʃən]　safe [séif]

4. [v] visit　[f] の有声音。
   never [névər]　drive [dráiv]

5. [θ] think　舌の先端を歯に当てて、その間から息を出して発音する。
   something [sʌ́mθɪŋ]　both [bóuθ]

6. [ð] the　[θ] の有声音。
   either [íːðər]　smooth [smúːð]

7. [ʃ] sheet　唇を突き出して「シュッ」と息を出して発音する。
   shoes [ʃúːz]　fresh [fréʃ]

8. [ʒ] vision　[ʃ] の有声音。
   casual [kǽʒuəl]　decision [dɪsíʒən]

息を破裂させる音

日本語よりも、息をずっと強く破裂させて発音する。

9. [p] please　むすんだ唇で、息を破裂させて発音する。
   expect [ɪkspékt]　lip [líp]

付　録

30音と発音のポイント一覧表

10. [b] bulb　　[p] の有声音。
　　　　　　　　habit [hǽbɪt]　　sub [sʌ́b]

11. [k] keep　　舌の奥で息を破裂させて発音する。
　　　　　　　　become [bɪkʌ́m]　　pick [pík]

12. [g] good　　[k] の有声音。
　　　　　　　　English [íŋglɪʃ]　　wig [wíg]

13. [t] take　　舌先で息を破裂させて発音する。
　　　　　　　　letter [létər]　　fit [fít]

14. [d] date　　[t] の有声音。
　　　　　　　　middle [mídl]　　hundred [hʌ́ndrəd]

15. [tʃ] check　唇を突き出して「チッ」と破裂させて発音する。
　　　　　　　　picture [píktʃər]　　each [íːtʃ]

16. [dʒ] jazz　　[tʃ] の有声音。
　　　　　　　　major [méidʒər]　　subject [sʌ́bdʒɪkt]

息を鼻と口に響かせる音

17. [l] little　　舌の先を上歯ぐきに付けて「ル」と発音する。
　　　　　　　　play [pléi]　　tool [túːl]

18. [m] home　唇を合わせて「ムー」と口と鼻に響かせて発音する。
　　　　　　　　number [nʌ́mbər]　　team [tíːm]

19. [n] since　舌を上の歯ぐきに付けて「ンー」と鼻に響かせて発音する。
　　　　　　　　many [méni]　　sun [sʌ́n]

20. [ŋ] sing　　[ŋング] と軽く鼻に響かせて発音する。
　　　　　　　　single [síŋgl]　　feeling [fíːlɪŋ]

変化する音

21. [r] right　　唇をアヒルのように、突き出す形で「ゥル」と発音するか、舌を丸めて「ゥル」と発音する。
22. [w] wood　　唇を丸めて突き出した「ウ」と、普通の「ウ」をつなぐように、素早く「ゥウ」と発音する。

その他の音

23. [j] year　　舌の奥を上アゴに押しつけて、「イ」よりも鋭く発音する。舌に少し力を入れる。

母音（7音）

開く音（「ア」よりもアゴを下げる音）

24. [æ] aunt　　アゴをイッキに下げながら、[エ〜ア〜æ] と音が変化するように発音する。
25. [ɑ] box　　[ア〜ɑ] と音が変化するように、アゴを下げながら発音する。
26. [ɔ] long　　[オ〜ɔː] と音が変化するように、アゴを下げながら発音する。
27. [au] house　　日本語の「アウ」よりも頬を内側に絞り、口の中を縦長にする感じで発音する。

狭い音（アゴを下げない音）

28. [ʌ] cut　　口をほんの少し開けて「ア」とノドに響かせて発音する。
29. [ə] of　　唇はほとんど動かさないで、弱く、あいまいに「ア」とノドに響かせて発音する。
30. [i] sit　　日本語の「イ」よりも歯と歯を少し離して、「エ」に近づけて発音する。

母音と r

1. [ɑːr] farm　　[ɑ] は「ア」よりもアゴを下げて、ノドの奥に響かせて発音し、[r] は突き出す形で、口から鼻に響かせて発音する。
2. [ɔːr] order　　[ɔ] は「オ」よりもアゴを下げて、ノドの奥に響かせて発音し、[r] は突き出す形で、口から鼻に響かせて発音する。

付　録

30音と発音のポイント一覧表

3. [əːr] bird　　[əː] は「ウ」のような形で、ノドの奥に響かせて発音し、[r] は突き出す形で、口から鼻に響かせて発音する。

■30音にないおもな発音のポイント

子音
- [ts] its　　勢いよく「ツ」と発音する。
- [ds] reads　[ts] の有声音。
- [h] how　　ノドの奥から「ハッ」と息を出して発音する。

母音
アルファベット読みをする母音は、2つめの母音を軽く発音する。
- [éi] case　　「エィ」よりも短く発音する。
- [ái] like　　「アィ」よりも短く発音する。
- [óu] home　「オゥ」よりも短く発音する。

短母音
- [e] bed　　「エ」とほぼ同じように発音する。

短母音と長母音では口の形が違う音。
- [iː] bee　　唇を引いて「イー」と発音する。
- [i] it　　「イ」でなはく、「エ」に近づけて発音する。
- [uː] food　唇を丸く突き出して「ウー」と発音する。
- [u] book　アゴをあまり下げないで「ウッ」とノドの奥から発音する。唇を突き出さないで発音する人もいる。

※see [síː] の [íː] と sit の [í] は同じ記号を使っているが、それぞれ異なる口の形で発音する異なる音。アクセントがない場合には [i] を [ɪ] と表記することが多い。

上記以外の二重母音や三重母音は30音の組み合わせで発音できる。
　boy [bɔ́i]　　air [éər]　　our [áuər]　　dear [díər]

● 著者紹介

鵜田 豊（うだ ゆたか）

　カリフォルニア州立大学（CSULA）卒業。10年間の米国滞在中に英語のスペルと発音のメカニズムを独自に分析し、英語を聞き・話すための「UDA式30音トレーニング」を開発。各種企業での講演や講習活動等を精力的に行う。

　主な著書には『30音でマスターする英会話』『30音でもっと話せる英会話』『30音英語革命』（以上、SSC出版）などがある。

　著者のホームページ（http://www.uda30.com/）は、人気の英語学習サイト。

● DVD 教材

著者作成のDVD、『UDA式30音英語リズム』と『30音トレーニング・発音とリスニング』は著者のホームページ（http://www.uda30.com/）で購入できます。

英語のリスニングは発音力で決まる！
──── UDA式30音練習帳

2004年10月5日　初版発行
2018年 1 月5日　第29刷発行

著　者　鵜田 豊 ©Yutaka Uda, 2004
発行者　堤 丈晴
発行所　株式会社 ジャパンタイムズ
　　　　〒108-0023 東京都港区芝浦４－５－４
　　　　電話 (03)3453-2013 [出版営業部]
　　　　ウェブサイト　http://bookclub.japantimes.co.jp
　　　　振替口座 00190-6-64848
印刷所　日経印刷株式会社

本書の内容に関するお問い合わせは、上記ウェブサイトまたは郵便でお受けいたします。
定価はカバーに表示してあります。
万一、乱丁落丁のある場合は、送料当社負担でお取り替えいたします。ジャパンタイムズ出版営業部あてにお送りください。
付属のCDは再生機器の種類により、不具合を生じる場合があります。ご使用に際しての注意事項につきましては、以下のウェブサイトをご覧ください。
http://bookclub.japantimes.co.jp/act/cd.jsp
Printed in Japan　　ISBN978-4-7890-1175-4